Pete Doherty

WIDMUNGEN:

FÜR PETE DOHERTY, KATE MOSS, DEN DAILY MIRROR, NEWS OF THE WORLD ...

DANKE:

VALENTINA, DIE DIESES BUCH MÖGLICH GEMACHT HAT.
SUPRIYA, DIE DAS, WAS ICH GESCHRIEBEN HABE, VIEL BESSER AUSSEHEN LIESS.
SOPHIE, DIE MICH DAZU BRACHTE, DIE FAKTEN IHRER RECHERCHE ANSTELLE
MEINER ERFUNDENEN ZU BENUTZEN.
LUCKY, ARTNIKS GOLDEN RETRIEVER.

PETE DOHERTY
The Libertines und Babyshambles
Von Seamus Craic

ISBN-10: 3-89602-720-4
ISBN-13: 978-3-89602-720-7

Übersetzung: Thorsten Wortmann, Madeleine Lampe

Genehmigte Lizenzausgabe.
© der Übersetzung: Schwarzkopf & Schwarzkopf Verlag GmbH, Berlin 2006

Erstmals veröffentlicht in Großbritannien von Artnik, 2005.
Überarbeitete Fassung, 2006.
341b Queenstown Road, London SW8 4LH
© Artnik 2006

Design: Supriya Sahai
Bilder: Live Photography, Justin Thomas
Buchkonzept: Nicholas Artsrunik
Lektorat: John McVicar
Recherche: Sophie Gregson

Katalog
Wir senden Ihnen gern kostenlos unseren Katalog.
Schwarzkopf & Schwarzkopf Verlag GmbH / Abt. Service
Kastanienallee 32, 10435 Berlin
Telefon: 030 - 44 33 63 00
Fax: 030 - 44 33 63 044

Internet / E-Mail
www.schwarzkopf-schwarzkopf.de
info@schwarzkopf-schwarzkopf.de

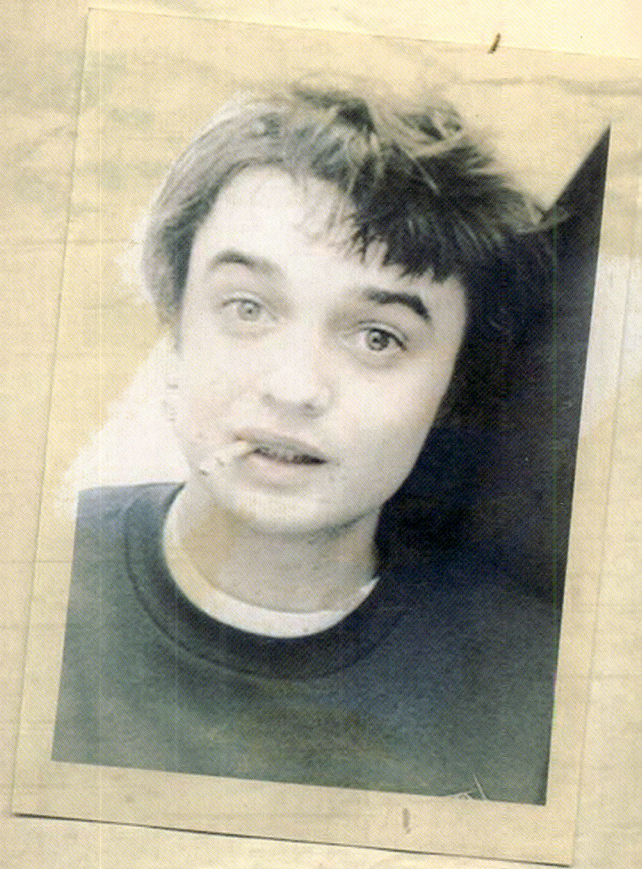

Pete Doherty

The Libertines und Babyshambles

Von Seamus Craic

SCHWARZKOPF & SCHWARZKOPF

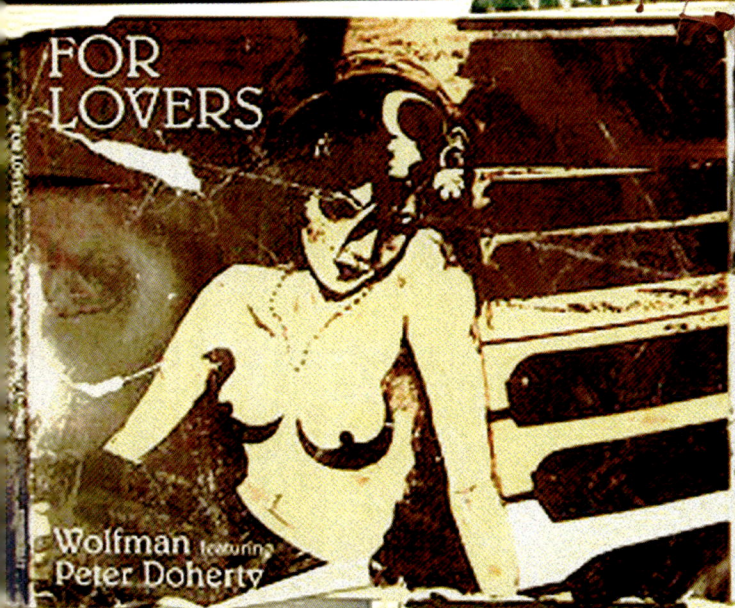

FOR
LOVERS

Wolfman featuring
Peter Doherty

THE BANDWAGON

THE Libertines

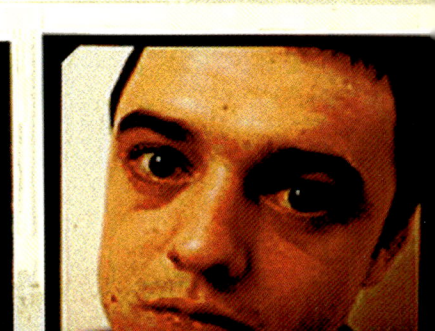

EINE ZEIT FÜR HELDEN?

Eine Gesellschaft hat üblicherweise die Helden, die sie verdient, aber manchmal erwachsen ihr auch Helden, um die sie
nicht gebeten hat.

Der Musikgeschmack der Mehrheit spiegelt sich für jeden sichtbar in den Top 40 der Charts wider: Happy House, HipHop, R'n'B,
Boybands, Teilnehmer aus Reality-Shows ...

Dennoch gibt es unter der Oberfläche Musik, die mit ihrem
Sound und ihrem Image unsere dunkle Seite anspricht. Auch sie
ist fest in der Geschichte der UK-Charts verankert - und diese
Kräfte finden ihren Niederschlag in der Gesellschaft genauso
stark wie in der Musik. Die DAILY MAIL, die Produzenten von
NEWSNIGHT, der Chris de Burgh-Fan und die feine Gesellschaft,
sie alle brauchen Peter Doherty genauso wie der NME oder der
14-Jährige mit seiner ersten Gitarre.

Wer sich darauf einlässt, kann aber auch die dunklen Seiten
der durchkalkulierten Mainstream-Charts sehen: die Ausbeutung
von naivem »Talent« durch die Musikindustrie, die Sexualisie-
rung von Kindern, die noch nicht einmal das Teenageralter
erreicht haben, die zügellose Libido vorgeblich anständiger
Idole und die Scheinheiligkeit ihres Managements, der nackte
Materialismus hinter dem Glitter und die mit Gewalt behaftete
Schattenseite des urbanen Pop.

Abgesehen von den Horrorgeschichten über Rapmusik und Kriminalität, die gelegentlich in der Mittelschicht auftauchen, ist
das aber nicht der Stoff, der die Medien in Aufregung versetzt.
Die hässliche Wahrheit über die von der Industrie geschaffenen
Superstars wollen die vernarrten Großmütter, die diese Alben
für ihre lieben Enkel kaufen, nicht hören. Grundlegende Werte
der Konsumenten würden damit in Frage gestellt: Wer sind die
Guten und wer sind die Bösen? In der Popmusik ist das mora-
lische Verderben allgegenwärtig. Es ist nicht gesund, aber es
ist auch nicht glamourös ... kurzum:

ES IST NICHT DAS,
WAS WIR ROCK'N'ROLL NENNEN.

THE LIBERTINES

Auch zu Zeiten, in denen die kulturelle Landschaft nicht von Gitarren-
musik dominiert wurde, existierte doch immer die Idee, dass Rockmusik
auch Rebellion bedeutet. Es war egal, ob Engelbert Humperdinck anfing,
bessere Verkaufszahlen als die Stones zu schreiben. Die Band, die eine
Bedrohung für die Gesellschaft symbolisierte, war immer noch die Band,
die die ganze mediale Aufmerksamkeit erhielt. Die Sex Pistols veröffent-
lichten nur ein einziges Album, aber dieses brachte die Jugendkultur
nach einem Jahrzehnt des Soft-Rock und der Konzeptalben zurück auf die
Titelseiten. Und Liam Gallagher affte herum, spuckte und fluchte, und
ganz plötzlich hatte die drogenbeseelte, tanzbesessene Musikszene der
Neunziger einen schmutzigen Rock-Abgott: Liam als Prototyp all unserer
liebsten drogenverseuchten bösen Jungs, als Verkörperung eines neuen
Männertyps, der den Zeitgeist traf.

PETE DOHERTY IST ANDERS - was nicht heißen soll, dass er in keine
Schublade passt. Wie die Stones, die Pistols und Oasis hat seine Band,
die Libertines, die Charts mit Hilfe des Spektakels erobert. Musikalisch
gesehen hinken diese Vergleiche, denn die Libertines erinnern eher an
die eigenwillig-melodische Seite des englischen Punk - an Bands wie The
Jam und The Buzzcocks oder an die zornige Intelligenz von The Clash -
oder an das Albion-Kabarett der Kinks. Hauptsächlich als Zielscheibe
der Boulevardpresse trat Pete Doherty das Erbe der großen Rock'n'Roll-
Antihelden an. Wir können Dohertys Leben nicht getrennt von seinem Image
betrachten, und leider sind diese eher oberflächlichen Vergleiche so
aufschlussreich wie die musikalischen.

Auch hinsichtlich der Art und Weise ihres Durchbruchs weisen die Libertines Parallelen zu den genannten Bands auf - man könnte es vielleicht
die »Schockmethode« nennen, mit der sie in der Öffentlichkeit bekannt
wurden. Obwohl sie in ihrer Randständigkeit das Mainstream-Publikum
verschrecken, hat eine hysterische Medienberichterstattung zu Anfang
ihrer Karriere dafür gesorgt, dass all diese Bands an der Spitze der
Charts landeten. Sie schafften es, die Minderheit zu einen, als die
Öffentlichkeit demonstrierte, dass sie nicht bereit für diese Bands
war.

a pass and shine

suckling attraction
my boins te my icbe
Is my wa 'em
a queen in underflow
e streaming vu sa
streaming i

Natürlich war es gerade die öffentliche Entrüstung, die das Feuer zum Lodern brachte. Das Management der Stones oder der Sex Pistols hatte sich diese Feindseligkeit zynisch zunutze gemacht und als Werbung eingesetzt (»Would You Let Your Daughter Go Out With A Rolling Stone?«), und die Gallaghers spielten die Bösewichte, die das Interesse gelangweilter Redakteure diverser Boulevardblätter nicht ganz so heimlich genossen. Die Libertines erweckten hingegen bald den Eindruck ihrem Image nicht gewachsen zu sein. Sie waren zunächst nicht unglücklich darüber, den Eindruck uneingeschränkter Dekadenz zu vermitteln - im Grunde entsprach das ja auch der Wahrheit -, aber man kann nicht das öffentliche Bild von jemandem kontrollieren, der sich selbst nicht im Griff hat. Die Fans liebten Pete, weil er echt war, aber seine Probleme waren sowohl für seine Bandkollegen als auch für seinen Ruf in der Öffentlichkeit zu echt. Nehmen wir für einen Moment die Denkweise der englischen Zeitung THE SUN an: Die britische Öffentlichkeit liebt schlimme Jungs, aber Junkies sind einfach Abschaum.

Und das ist vielleicht der Punkt, in dem sich Doherty am meisten von allen anderen unterscheidet - wenn auch nicht von den großen Rock'n'Roll-Opfern der Musikgeschichte, sicherlich aber von den anderen Figuren, die die Klatschspalten der Zeitungen füllen. Es ist etwas, das so einfach, so dumm und so oberflächlich ist wie die Wahl einer Droge. Wir können mit Kokain umgehen, denn das hat sich zu einem Synonym für Geld entwickelt. Weiche Drogen machen Spaß, und sogar Acid lässt den Konsumenten »kreativ« werden. Komasaufen ist bei Betriebsfesten mittlerweile so normal wie bei After-Show-Partys. Aber Heroin und Crack - diese Dinge können wir immer noch nicht begreifen. Sie klingen in unseren Ohren nach Armut, Verbrechen und AIDS.

WIE KÖNNEN WIR ZU JEMANDEM AUFBLICKEN, DER SICH GENAUSO VERHÄLT WIE DIE LEUTE, AUF DIE WIR HERABSCHAUEN, WENN WIR IHNEN AUF DER STRASSE BEGEGNEN?

Nun, es hilft, wenn man mit einem Supermodel zusammen ist.

Wie man so hört, traf der junge Pete Doherty - ein
Chorjunge und Streber mit einem Hang zu Poesie und
Fußball - erst durch die Freunde seiner älteren Schwes-
ter auf die coolen Typen aus Camden. Darunter war
auch Carl Barât, der wie ein großer Bruder war und
Pete seine ersten Akkorde auf der Gitarre beibrachte.
Nachdem Carl ihm sechs Monate lang gesagt hatte, dass
er nicht Gitarre spielen könne, entschlossen sie sich
eine Band zu gründen. Dieses Buch befasst sich jedoch
nicht mit den frühen Jahren der Libertines.

DER DURCHBRUCH

Diejenigen, die überzeugt sind, dass Doherty seine
Band nur aufgrund der Berichterstattung über seine Drogensucht und wegen seiner berühmten Freundin zum Erfolg führte,
mag es überraschen, dass die Libertines schon zu Weihnachten
2001 beim Londoner Plattenlabel Rough Trade unter Vertrag
genommen worden waren - drei Jahre bevor Pete Kate Moss traf,
18 Monate vor seiner ersten Verhaftung und fast neun Monate
bevor der erste Bericht über einen durch Drogen verursachten
Fehltritt in den Medien auftauchte.

Rough Trade ist ein zukunftsorientiertes Label, das auf eine
lange Tradition zurückblicken kann. Geoff Travis gründete
1976 auf dem Höhepunkt der Punkbewegung seinen Plattenladen
gleichen Namens, der bei jungen Bands so beliebt war, dass
er deren Platten innerhalb von zwei Jahren selbst herraus-
brachte. Schnell wurde Rough Trade als DAS Kult-Label des
Post-Punk bezeichnet, obwohl es seinen größten Erfolg Mitte
der Achtziger mit dem lyrischen, seltsam poppigen Sound von
The Smiths hatte. Während es damals eine überraschende Wende
in der Ausrichtung des Labels bedeutete, scheint dieses Auf-
einanderprallen des Do-It-Yourself-Ansatzes des Punk und der
intelligenten englischen Launenhaftigkeit die zwei Seiten der
Libertines zu verkörpern.

Die Mitglieder der Band nannten Morrissey tatsächlich als
einen ihrer Haupteinflüsse. James Endeacott, der A&R-Manager
von Rough Trade, meinte, dass man die Seele des Labels

»MITTE DER ACHTZIGER,
ALS NEW WAVE IN DEN
MAINSTREAM ÜBERGING«,

finden kann. Die Libertines hatten also
mit ihrer Plattenfirma das perfekte
Zuhause gefunden, um den Wandel von den
Hoffnungsträgern der Punkszene zum Main-
stream-Erfolg zu vollziehen.

Zu ihren neuen Label-Kollegen zählte auch die Band The Strokes, die den Punk wiederbelebte und - wie die Libertines - wie ein Konglomerat ihrer eigenen Plattensammlung klingt. Die Libertines mussten Vergleiche mit den wohlerzogenen New Yorkern aushalten - was sie hassten. Der Vergleich war anfangs als Kompliment für ihren Kleidungsstil und ihre Musik gedacht, eine Zuordnung, die aber letztendlich aufzeigt, wie vergänglich der Retro-Trend ist. Auch wenn die Strokes zusammenblieben, während die Libertines implodierten, so sind es doch Letztere, deren Einfluss auf die britische Musikszene man heute stärker spürt.

Damals war die Bezeichnung »die britischen Strokes« das größte Kompliment, das ein Musikjournalist machen konnte, und diese Einordnung erwies der Band anfangs als Erkennungszeichen einen guten Dienst. Im Februar 2002 begleiteten die Libertines ihre älteren Labelkollegen bei zwei verschobenen Konzerten als Vorgruppe. Das war das Sprungbrett zu weiteren Auftritten mit den Vines und brachte ihnen die volle Unterstützung durch den NME. Am 14. Mai jenes Jahres wurden sie von dem wöchentlich erscheinenden Musikmagazin eingeladen, bei dessen Party als Headliner aufzutreten. Aktueller Anlass war die Einführung der kostenlosen Konzertzeitung BRING IT ON aus dem Hause NME. Im Publikum des Clubs 93 Feet East in der Londoner Brick Lane befanden sich viele Schmarotzer und Trendsetter: viele Journalisten, die Vorgruppe The Eighties Matchbox B-Line Disaster, Tim Burgess von den Charlatans ... und ein gewisser Jefferson Hack, Herausgeber des Magazins DAZED & CONFUSED, der aber eher als die bessere Hälfte von Kate Moss bekannt war.

»NIEMAND, DEN WIR UNTER VERTRAG HABEN, LEGT ES DARAUF AN, EINEN HAUFEN GELD ZU MACHEN ODER INS FERNSEHEN ZU KOMMEN. BEI UNS IST NICHTS KÜNSTLICH GEFERTIGT, UND HIER GIBT ES KEINE MENSCHEN, DIE NACH RUHM GIEREN. WIR HABEN MENSCHEN, DIE ERFOLG MÖGEN, ABER SIE KÄMPFEN NICHT ERBITTERT DARUM«,

beharrt Endeacott, als er über seine Neuzugänge bei Rough Trade spricht. Leider wird Ruhm oft zum Fluch, wenn sich Leute aus Habgier um einen scharen. Mit der Zeit sollte das auch Pete erfahren.

Jeder war der Meinung, dass WHAT A WASTER die Debütsingle werden musste. Der Song ist schlagkräftig, witzig und voller Cockney-Slang. Endeacott ging davon aus, dass der Song nicht im Radio gespielt werden würde, aber er spürte, dass er ausstrahlte, wofür die Band stand. Er behielt Recht, was Letzteres anbetraf, aber er hatte nicht damit gerechnet, dass die BBC-Radio-DJs Mark und Lard den Song zur Single der Woche machen würden (wenn er auch mit Pieptönen an bestimmten Stellen versehen wurde). Die Produktion durch Bernard Butler war gesittet, die Gitarren erinnerten fast ein bisschen an Suede - so sehr, dass Doherty später angab, dass er es sich nicht anhören konnte, so weit wich es von seinen Vorstellungen ab. Nichtsdestotrotz und ungeachtet des Zusammenpralls der unterschiedlichen Persönlichkeiten und der angeblichen Streitereien ernteten alle Beteiligten Lorbeeren für ein fulminantes Debüt. Die Record-Release-Party im Virgin Megastore wurde dann auch in angemessener Weise begangen. Die Band klaute ein paar Exemplare ihrer eigenen CD, um sie an Freunde zu verschenken.

Dann ereignete sich etwas, das richtungsweisend für den Rest ihrer kurzen Karriere sein sollte. Der ersten Single folgte bald - zumindest für die Öffentlichkeit - der erste große Krach. Der Titel WHAT A WASTER versorgte die Journaille bereits mit dem Aufmacher, den sie brauchten, obwohl es zu jenem Zeitpunkt noch so aussah, als würde er sich eher auf vergeudete Nächte als auf vergeudetes Talent beziehen. Die Handgreiflichkeiten zwischen Pete Doherty und Carl Barât wurden als Spaß dargestellt, als die Würze des Rock'n'Roll in einer von Travis und Coldplay dominierten Musikwelt und weniger als ein ernstes Anzeichen andauernder geistiger Verwirrung - auch wenn dieser Fall mit einem Schlag an die Kehle und Carls Knie in Petes Gesicht endete. Wenn es heißt, dass es im Studio bei einer Band »kracht«, bedeutet das normalerweise, dass einer der Musiker für einige Tage schmollend in der Ecke sitzt, weil er der Meinung ist, seine Gitarre sei zu leise. Als die ersten Aufnahmen für das Album gemacht wurden, war es jedoch so, dass ein spielerischer Kampf zwischen den betrunken Musikern außer Kontrolle geriet und sich zu einer bösen Prügelei entwickelte - nach der Pete Carls Knieabdruck an seiner Schläfe verarzten lassen musste, daraufhin seinen Kumpel verfluchend ins Dunkel der Nacht verschwand und für die nächsten 48 Stunden nicht mehr gesehen wurde.

Das Hauptproblem, das sich aus der band-internen Schlägerei ergab, betraf einen Auftritt beim Scarborough Festival, den die Band später an diesem Tag zu absolvieren hatte. Da Doherty nicht zu erreichen war, mussten die Libertines schließlich zu dritt auftreten. Barât rächte sich an diesem Abend, indem er beiläufig erwähnte, dass er sich mit seinem besten Freund geprügelt hatte, und damit WHAT A WASTER ankündigte. Die Lippen der anderen Bandmitglieder blieben versiegelt hinsichtlich der Frage, was Doherty dazu veranlasst hatte, so plötzlich handgreiflich zu werden, aber Carls leidenschaftliche Interpretation der Zeilen »What a fucking waster / You pissed it all up the wall« ließ keinen Zweifel daran aufkommen, wer schuld an der ganzen Sache war – niemand im Publikum zweifelte in dieser Nacht daran.

Sänger sein Knie an den Kopf rammte«. Außerdem fand Barât als Co-Songwriter sicher keinen Gefallen an Berichten, die behaupteten, dass er seine eigenen Songs im Bus auf dem Weg zum nächsten Auftritt »lernen« musste.

Es war offensichtlich, dass sich da mehr zusammenbraute und es weitere Spannungen geben würde. Obwohl ein Sprecher der Band zum ersten, aber nicht zum letzten Mal bekannt gab, dass die Libertines sich nicht getrennt hatten, waren sie, als sie sich wieder im Studio versammelten, überrascht, wie der NME mit der Geschichte umging. Die erste Zeile des Artikels lautete: »Frontmann PETE DOHERTY entfernte sich unerlaubterweise von der Truppe, nachdem er im Studio eine kräftige Auseinandersetzung mit seinem

Die Libertines waren nun mal eine Gang, und die Unterstellung, dass es bei ihnen eine Rangordnung gab, kam in ihrem Lager nicht gut an. Barât war nicht einfach nur der »Gitarrist« des Frontmanns Doherty. Die beiden Bandköpfe duellierten sich bei den Gesangsparts, als sei es eine wütende Konfrontation bei einer »Open Mike«-Nacht. Es handelte sich nicht bloß um einen Karaoke-Auftritt, sondern es war bitterer Ernst. Die Fans der Libertines sollten sich daran gewöhnen – und an eine Bandformation ohne Pete, den charismatischen Sänger mit seinem Schmuddelcharme und den engelsgleichen Gesichtszügen, den sie auf den Plakaten gesehen hatten.

Gitarristen CARL BARÂT hatte.« Weiterhin wurde angedeutet, dass Carl eine Art Ungehorsamkeit an den Tag gelegt hatte, als »er seinem

TROTZDEM ZEIGTE DIESE FALSCHMELDUNG, WEN DIE PRESSE VON ANFANG AN INSTINKTIV ALS MITTELPUNKT DER BAND ANSAH.

Verursacht worden war der ganze Ärger
durch UP THE BRACKET, den Titelsong des
in Kürze erscheinenden Albums, der dazu
bestimmt war, die nächste Single zu werden. Die Mitwirkung eines Mannes, den sie
wirklich respektierten, führte die Band
wieder auf den richtigen Weg. Dieser Mann
war Mick Jones, der legendäre Gitarrist
von The Clash. Er war nicht nur bestens
dazu geeignet, mit einer intelligenten
Londoner Punkband umzugehen, er hatte
obendrein noch Erfahrung darin, das Ram-
penlicht mit jemandem teilen zu müssen.
Obwohl er die meisten Clash-Lieder zusammen mit Joe Strummer geschrieben und
selbst auch Teile des Gesangs übernommen
hatte, wurde immer Strummer als der Frontmann der Band angesehen – Iro-
nie des Schicksals, dass die Vocals auf SHOULD I STAY OR SHOULD I GO,
dem einzigen Nummer-Eins-Hit in der Karriere von The Clash, von Mick
Jones eingesungen wurden.

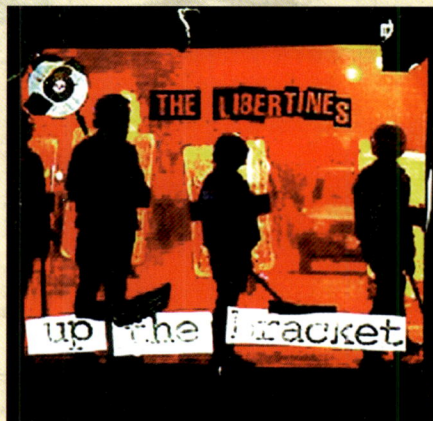

Rough Trade trafen die geniale Entscheidung, Jones ins Boot zu holen,
nachdem ein gemeinsamer Freund beide Parteien darauf aufmerksam gemacht
hatte, dass sie nur einen Katzensprung voneinander entfernt arbeiteten.
»Sie schickten mir eine CD mit ihren Songs, und ich fand sie richtig
gut – ansonsten hätte ich mich auch nicht darauf eingelassen«, erzählte
Jones dem NME damals. Obwohl sie für die gegenseitige Wertschätzung
nicht viel Zeit brauchten – die Band betrat später zu dem Klassiker
LONDON CALLING die Bühne –, wussten die Libertines erstaunlicherweise
nicht mehr über Mick Jones als er über sie. »Er tauchte einfach im Studio
auf, und innerhalb von einer halben Stunde trug er einen ›What A Waster‹-Anstecker und trank eine Büchse Lager. Wir wussten nicht wirklich
viel über ihn«, räumte Pete ein. »Aber in den letzten Wochen haben wir
uns viel von The Clash angehört!«

Wenn die Band vor den entscheidenden Aufnahmen zu UP THE BRACKET auch nicht so vertraut mit dem Gesamtwerk von The Clash war, so zeigt das Album doch ganz deutlich, welchen Einfluss die Zeit, die sie mit Mick Jones verbrachten, ausgeübt haben muss. Von der Art des Gesangs über die Lyrics bis zum Klang der Gitarren - zuweilen war die Ähnlichkeit zum ersten Clash-Album fast schon unheimlich. Besonders bei der Single TIME FOR HEROES schlug die Band den gleichen Weg wie The Clash ein: Der zerstückelte Rhythmus und der undeutliche, aber dennoch einprägsame Gesang, der zugleich träge und wütend klingt, erinnern an die Punk-Heroen. Jones gab zu, dass es ihm ein bisschen wie ein Déjà-vu vorkam, aber er achtete darauf, dass die Ähnlichkeit nicht zu auffällig war. »Sie erinnern mich schon ein wenig an The Clash«, sagte er. »Sie sind eine Rock'n'Roll-Band aus London, was auf mich natürlich einen gewissen Reiz ausübt. Ihre Texte sind auch sehr gut. Es sind die gleichen Bestandtei-le - eine vierköpfige Band mit wirklich guten Liedern, man kann sich nicht wehren, man wird einfach angezogen.«

Das Album steckte voller Stadienhymnen, wie zum Beispiel dem Ohrwurm BOYS IN THE BAND, aber der Stil erinnerte nicht an Hooligangesän-ge - trotz Petes Liebe zu den Queens Park Rangers, die noch aus seinen Kindertagen stammte. Stattdessen waren die Kritiker von den Anspielungen auf irgendein seltsames arkadisches Niemandsland angetan, das mit dem guten alten Schiff Albion zu erreichen war; sie waren fasziniert von der nur schwer zu erfassenden Natur dieses »anderen Landes« namens Arka-dien. Die Band mochte die Symbolik, aber kein Journalist dachte wirklich darüber nach, woher dieser seltsame Einfall eigentlich kam oder ahnte auch nur, was Albion und Arkadien für Pete wirklich bedeuteten. Beim Fotoshooting für das Album trug die Band Fantasieuniformen, rote Militär-jacken, die auf das unbekannte Land anspielen sollten; heute behaupten alle beteiligten Parteien, dass sie jeweils die Idee dafür gehabt hät-ten - Gleiches gilt im Übrigen auch für die Wahl des Bandnamens.

Die Fans indes wussten, worum es in den Texten ging – zumindest dachten
sie es, und darum ging es ja. Es handelte sich um eine Flucht, einen
Traum, einen mystisch vergoldeten Rückzug aus der grausigen Realität.
Es konnte für den Einzelnen bedeuten, was immer man wollte, solange es
die Fantasie beflügelte und es einem eine zeitweilige Auszeit von diesem
erbärmlichen Leben bescherte.

Durch die Drogen lebte Pete stets in einer vernebelten Parallelwelt,
die wie Großbritannien aussah, sich aber weit entfernt anfühlte. Er war
auf der Suche nach Arkadien, einem Ort, an dem man all diesen Alltags-
scheiß nicht brauchte und der die Rückkehr zu einem paradiesischen
Zustand bedeutete. Infolgedessen tauften sie die Wohnung in Camden,
die er sich mit Carl teilte und die zum Schauplatz für Hunderte von
Guerilla-Gigs wurde, welche wiederum eine ganz neue Szene begründeten,
auf den Namen

»THE ALBION ROOMS«: EINE SCHMUDDELIGE ABSTEIGE, DIE IHNEN IRGENDWIE MAGISCH UND WIE MIT GOLD AUSGELEGT ERSCHIEN.

Angesichts der Vagheit, des Verschwommenen von Petes abstraktem lyrischen Stil, schien es, er sei ganz auf sich allein gestellt – unbefleckt,
unergründlich, als steuerte er auf weit entfernten Meeren ein Schiff
nach seinem Willen.

Dennoch hielt das Wohlwollen des Musikbusiness der Band gegenüber nicht
lange an. Die landesweite Tournee im Oktober entwickelte sich zu einem
Desaster, bei der sich die Libertines mit Crew und Veranstaltern über-
warfen, dabei aber gleichzeitig zu Teenagerlegenden wurden. Die letzte
Nacht der Tour hätte gleichermaßen eine Nacht des Triumphs, aber auch
der inneren Einkehr sein sollen: Einerseits hatten sie unter großem
Beifall ihr Debütalbum veröffentlicht, dessen Titelsong in die Top 30
der Singlecharts aufgestiegen war, aber ihr Ruf im Musikgeschäft war
ruiniert ... zum Nachdenken kamen sie zwar nicht, aber zumindest schafften sie es, ordentlich zu feiern – dank einer sechsstelligen Summe aus
einem Vorschuss der Plattenfirma.

Since they closed the mine
I spend my time
staring at the sky
wondering how + why

Pete und Carl waren offenbar nicht der Meinung, dass sie die 400.000 britischen Pfund, die sie gerade für eine Beteiligung an ihrem »geistigen Eigentum« von der Sanctuary-Gruppe erhalten hatten, ein bisschen mit den anderen Bandmitgliedern teilen sollten: Wie kann man es sonst erklären, dass sie 10.000 Pfund für ein gewaltiges Saufgelage zum Abschluss der Tournee ausgaben?

Ihr unprofessionelles Verhalten während der Tournee hatte den Tontechniker so krank gemacht, dass er noch vor dem Auftritt in London ausstieg. Ihr Tourmanager, der sich zwei Jahrzehnte lang mit Bands herumgeschlagen und einige wilde Zeiten erlebt hatte ... der konnte eine Libertines-Tournee doch sicher überstehen, oder? Allem Anschein nach nicht. Nach einem Monat voller Groupies, Drogenexzesse, Besäufnisse, nachdem es überall Ärger gegeben hatte, es zu Kämpfen mit Fremden UND untereinander gekommen war, entschied sich der Profi, den Versuch zu machen, sie an der kurzen Leine zu halten. Wie ging die Sache aus? Er wurde gefeuert, weil er »zu streng« war. Ein Insider aus dem Umfeld der Band gab zu: »Der Tourmanager ist ein wirklich netter Kerl. Aber er führte ein strenges Regiment, was bei Carl und Pete nicht so gut ankam. Er macht den Job schon 22 Jahre lang und sagte, dass er noch nie so etwas Schlimmes gesehen hätte. Es war der reinste Exzess.« Oh, und es gab noch eine weitere Gelegenheit, zu punkten: »Er meinte, dass die Strokes im Vergleich dazu Schmusekätzchen wären.« Damals wurde diese Aussage so interpretiert, dass die Band immer noch im Schatten der etablierteren Label-Kollegen stand, aber rückblickend kann das Statement als Anzeichen dafür gewertet werden, dass die Gewichte sich langsam von den Strokes in Richtung der wahren Sache, also der Libertines, verschoben.

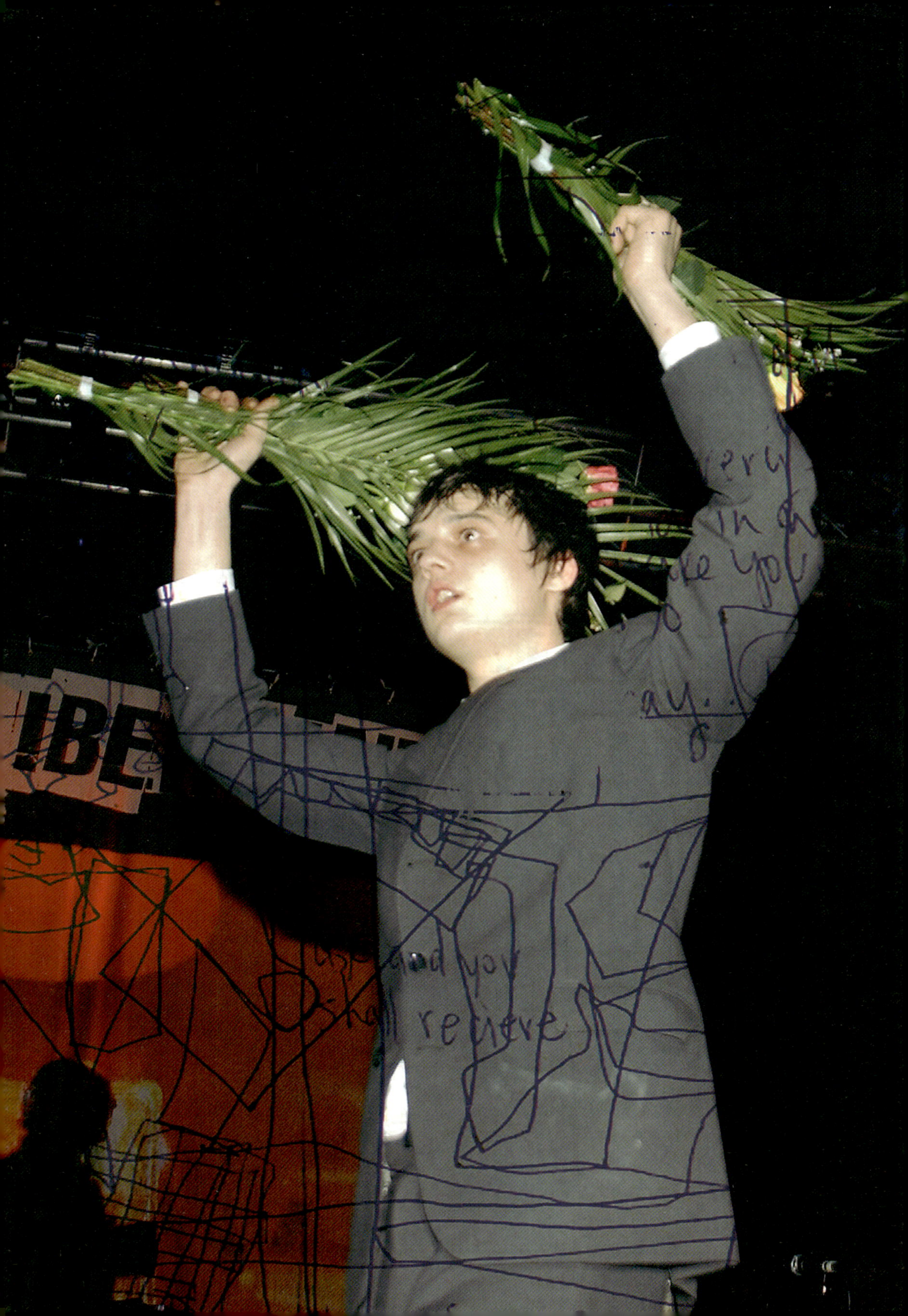

Der NME bejubelte »eine der ausschweifendsten Tourneen in der jüngsten Geschichte des Rock'n'Roll«, die Band - herausgeputzt in ihren symbolträchtigen roten Militärjacken - wurde zum ersten Mal auf dem Cover der Zeitschrift abgebildet. Die Kritiker waren ganz hingerissen von der Intensität ihrer Show im 100 Club im Londoner West End, von dem Schweiß und - offen gestanden - dem Durchhaltevermögen der Band, die diesen Saufmarathon irgendwie überstanden hatte. Augenzeugen zufolge waren die beiden Frontmänner »sichtlich erschöpft«, nachdem sie 22 Tage damit verbracht hatten, sich gegenseitig mit ihren Drogenexzessen zu übertreffen. Schon bald würde Carl es jedoch satt haben, mit dem beängstigenden Hang zur Selbstzerstörung seines Freundes Schritt halten zu müssen.

Das Gerücht, dass die Libertines einen neuen Manager brauchten, verbreitete sich schnell auf den diversen Fanseiten im Internet. Man glaubte fälschlicherweise, Bandmanagerin Banny Poostchi sei entlassen worden (diese Position sollte später der Creation Records-Titan Alan McGee übernehmen). Binnen kürzester Zeit waren die Fan-Foren im Internet verstopft. Es häuften sich die Angebote, die Stelle zu übernehmen, die für Tausende von Teenagern wie der beste Job der Welt aussah. Diese gigantische Internet-Gemeinschaft war es auch, die die Band in ihren frühen Tagen voranbrachte. »Sie haben einen Weg gefunden, das Musikbusiness zu umgehen«, formulierte McGee es später. »Ihr Erfolg basiert auf dem Internet. Wir stellten eine Nachricht auf eine der Libertines-Seiten und kündigten einen Auftritt im Forum an. Und plötzlich verkauften wir fünftausend Tickets.« Als er 2004 nach der Trennung der Band über seine eigene Poptones-Seite sprach, drückte er es so aus: »Die Libertines haben bewiesen, dass man nicht die Unterstützung durch die Medien, einen Vertrag mit einer großen Plattenfirma und viel Geld braucht, um ganz groß rauszukommen.«

Die Sache ist die, dass den Libertines auf ihre eigene seltsame Weise
die Unterstützung der Medien durchaus gewiss war: Nicht nur der Jubel
des wöchentlich erscheinenden Trendsetters NME und die vorsichtige
Zustimmung »erwachsener« Rock-Kritiker, sondern am entscheidends-
ten – und am fatalsten – war die Bereitschaft der Mainstream-Medien
sich einzumischen und ihrer Abneigung Ausdruck zu verleihen. Obwohl
Berichte über Rock'n'Roll-Exzesse an der Tagesordnung waren, runzelte
man schon zu Beginn ihrer Karriere die Stirn über das ungeheure Ausmaß
der Ausschweifungen. Und da war ja auch noch die zu diesem Zeitpunkt
einzigartige Hassliebe, die die beiden Sänger anscheinend verband und
die einen an die glorreichen Tage der Gallaghers in der Boulevardpresse zurückdenken ließ. Als McGee sagte: »Sie sind so unentbehrlich,
wie es Oasis in den Neunzigern waren«, meinte er das in kultureller
und in musikalischer Hinsicht. Sie waren für die Jugend und für die
Musikindustrie lebenswichtig ... aber der Punkt, in dem er leider am
meisten Recht hatte, war, dass sie für die landesweite Presse unver-
zichtbar waren. In den Klatschspalten klaffte eine Lücke, seit Oasis
in die Jahre gekommen waren. Diese neue Gruppe, der zwei verfeindete
Brüder – zumindest im Geiste – voranstanden, schien geeignet, um diese
Lücke zu füllen. Es machte den Eindruck, als würden die Journalisten
besonders Peter Doherty im Auge behalten. Das unglückliche Verhältnis
zwischen der Presse und dem Sänger führte dazu, dass die Sache für
beide Seiten aus dem Ruder lief.

Dohertys Ausfälle traten bereits so häufig auf, dass die Gerüchte über
die Unberechenbarkeit der Band, die die Presse nur zu gerne aufschnappte,
ziemlich schnell Platz machten für den sehr reellen Ausblick, dass die
Newcomer-Band vielleicht nicht bis zu einem zweiten Album durchhalten
würde.

Es war ein Jammer, denn die Band fing gerade an, ihre Klasse zu zeigen.
Die Veröffentlichung der hymnischen Single TIME FOR HEROES zu Beginn
des Jahres 2003 zeigte der Welt, warum sie es sich leisten konnten,
einen Song mit der zerstörerischen Wucht von WHAT A WASTER nicht auf
ihre Debüt-LP zu packen. Obendrein wurde man auf der anderen Seite des
Atlantiks langsam darauf aufmerksam, dass UP THE BRACKET in dem Ruf
stand, wegweisend zu sein.

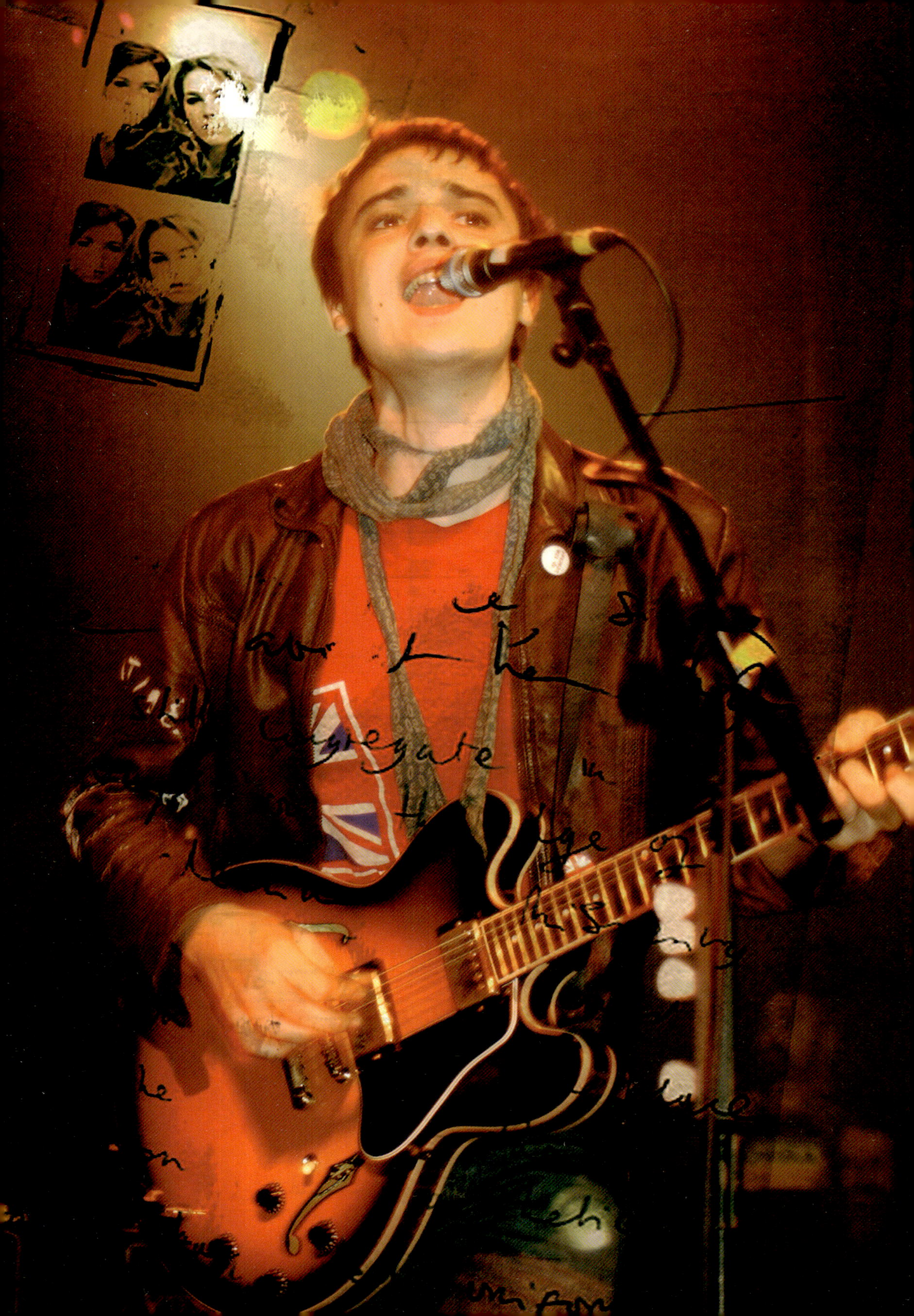

Die Veröffentlichung des Albums in den USA im März war eine unauf-
fällige Angelegenheit, wie es die Debüts britischer Bands in Amerika
üblicherweise sind. Aber die Aufregung der College-Radiosender, die von
den Anhängern britischer Musikmagazine in den Staaten angefacht wurde,
führte dazu, dass ihr erster Auftritt in den USA beim Coachella Festival
in New York sehnlichst erwartet wurde. Was den musikalischen Geschmack
angeht, steht New York City der britischen und Londoner Musikszene näher
als der Rest der Staaten: Bands wie Blur und Gomez traten auch bei dem
Festival auf, das als eine Art Präsentationsfläche für junge britische
Talente fungiert.

Die Libertines waren auf jeden Fall die Band, »die man gesehen haben
musste« - zumindest wurde diese Phrase von allen Webloggern und Fan-
site-Kritikern benutzt, die darauf brannten, sich einen ersten Eindruck
zu verschaffen.

OB SIE NUN EINEN TRIUMPH ODER EINE KATASTROPHE ERWARTETEN, SIE WÜRDEN IN BEIDEN FÄLLEN NICHT ENTTÄUSCHT WERDEN.

Der für Tag eins angekündigte Auftritt erfüllte alle voyeuristischen
Erwartungen derer, die in Scharen gekommen waren, angelockt von den
Gerüchten der Ausschweifung und des Desasters. Carl eröffnete die Show,
indem er die Menge mit Champagner bespritzte, aber nachdem sie knapp
zwei Lieder gespielt hatten, warf Pete sein Mikrofon schlecht gelaunt
ins Publikum, und die Band verließ die Bühne. Das Publikum war etwas
unentschlossen, wie es darauf reagieren sollte. Drummer Gary Powell gab
»den Verstärkern, die im Arsch waren« die Schuld. Was große Teile des
Publikums jedoch nicht bemerkten, war, dass in diesem Fall der vor-
angegangene Act Ladytron die Schuld trug, denn die hatten zuvor ihre
Spielzeit überschritten, sodass ausnahmsweise mal die Libertines unter
dem unsozialen Verhalten von anderen zu leiden hatten.

Glücklicherweise blieb die Unruhe unter den Festivalbesuchern von den Veranstaltern nicht unbemerkt, und so wurde schnell ein weiterer Auftritt der Band für den nächsten Tag angesetzt. Am Sonntag bekamen die Libertines also die Chance, die eine Sache zu tun, die sie noch besser drauf hatten, als Chaos zu veranstalten - nämlich ein ganzes Set voll schrammeliger, aber eingängiger Ohrwürmer zu spielen, die davon handeln, was es heißt, Engländer zu sein. Und das funktionierte sogar. Zum ersten Mal begeisterten sie ein amerikanisches Publikum. Traditionell verlangt eine Tournee in den Staaten ein höheres Maß an technischem Können, als der durchschnittliche Brite verträgt. Aber wie in der Heimat ergänzten die rauen Ecken und Kanten nur den Charme, den die Band auf virtuose Weise versprühte.

»IRGENDWIE MIT ABSICHT SCHLUDRIG«, SINNIERTE EIN KRITIKER. »NICHT GETROFFENE TÖNE UND VERSTIMMTE GITARREN MACHEN DEN CHARME DER AUFTRITTE AUS.«

Fairerweise muss man dem britischen Konzertbesucher bescheinigen, dass die verpatzten Noten und der rumpelige Stil auch in Großbritannien nicht unbemerkt untergegangen waren. »Sie ist wie das ganze Debütalbum, so roh und dreckig wie der Hund eines Lumpensammlers«, schrieb der NME über die Single TIME FOR HEROES. »Wir vermuten, dass die Libertines sogar wenn sie von einem Barhocker fallen und sich alle Zähne dabei ausschlagen, dies mit einer gewissen Eleganz tun.« Roger Sargent, ehemaliger Fotograf des NME, der für das erste Fotoshooting der Band verantwortlich war, beschreibt die Anziehungskraft der Jungs wie folgt:

»Ich konnte schon sehen, dass sie wie eine Kultband aussahen, bevor sie berühmt wurden. Jedes Mal, wenn ich den Auslöser betätigte, dachte ich, ›Wow, das ist ein fantastischer Moment.‹« Er erlebte aus erster Hand, wie solch angeborene Coolness half, die amerikanischen Jugendlichen für sich zu gewinnen: »Das amerikanische Publikum fand wirklich Gefallen an ihnen. Die Libertines sind der Inbegriff des absolut Englischen, und aus irgendeinem Grund mochten die Amerikaner das.«

CARE INSTRUCTIONS
MACHINE WASH 40°
INSIDE OUT WITH
LIKE COLOURS
IRON ON REVERSE

Es war in der Tat etwas seltsam, dass das amerikanische Publikum sich anscheinend für genau das interessierten, was die Helden der Libertines, The Kinks, jenseits des großen Teiches gebremst hatte - nämlich diese schrullige und freche Art im Sinne von Klein-England gegen den Rest der Welt. Aber man sollte im Hinterkopf behalten, dass der Kinks-Sänger und -Gitarrist Ray Davies erst begann typisch englische Songs zu schreiben, die von Cricket-Spielfeldern handelten, nachdem es in den USA zu einem unschönen Streit mit der dortigen Musikergewerkschaft gekommen war, der dazu geführt hatte, dass die Band in den Staaten boykottiert wurde. Bis dahin machte der kräftige, riffgeladene Pop in Amerika durchaus Eindruck. Und nun bot sich den Libertines die Chance, dieses Unrecht auszubügeln - wenn sie nur lange genug zusammenblieben.

Eine Europa-Tournee, die für Februar geplant war, hatte man bereits aufgrund einer Art »Krankheit« absagen müssen, an die sich die Fans der Libertines wohl oder übel gewöhnen mussten - eine Infektion namens Pete Doherty. Obwohl die Libertines den Ruf von Teufelskerlen genossen, gab es hinter den Kulissen doch nur eine zunehmend traurige Figur, die sich mehr und mehr zu einer Last entwickelte. Als die Europa-Tournee im Juni 2003 nachgeholt wurde, stellte sich der Band und der Musikpresse nur eine Frage:

»WO ZUM TEUFEL IST PETE?«

be true to the voice
in your heart ♡

I wanna hold your hand
I wanna be your boy
I wanna be about
I wanna hold your hand

I wanna break your heart
I could dry the sweetest song serenade you all summer long (but that was only in
(I made some time for you)   your dreams)

& the pain I brought to you. Actually, I cannot
expose any of these words. it's popping on how to
describe that which it is. Pop as fuck.
my the sweetest melody   ♦chorus?ell, many
                                        many meanings.
        int says (I wel f when through a shock haze beneath
    her studio it Shacklewell Lane) 'in a band, relationships
    become.. beyond comfortable everybody goes to
                                        their own rock
                            healing?
                    why   mistake
                    y   stop
                    No

        I met it and FE
            & I th
            N

        notes I

        I wont play dis
        my senseless
me through powers vice on
    all   imaginary su
            soul from your
            to not look fo
            manner of illness

Er war zum Tourneestart nicht am Flughafen aufgetaucht, und anscheinend war
er nicht zu erreichen. Die Aufregung
ist verständlich, wenn man sich die
eindrucksvolle Liste der Gelegenheiten,
bei denen Mr. Doherty nicht auftauchte,
als seine Band ihn brauchte, vor Augen
führt. Als am 6. Juni 2003 die letzten
Minuten vor dem Auftritt bei Rock im Park
verstrichen, ohne dass der Sänger sich
zeigte, musste die Band eine Entscheidung treffen. Sollte man den Auftritt
absagen? Wieder zu dritt auftreten? Und
die Fans langsam darauf vorbereiten,
dass Pete nicht unersetzlich war, egal
was sie davon hielten?

Man entschied sich für einen Kompro-
miss und ließ den Roadie Nick spielen.
Wie jeder gute Roadie kannte er sich
mit Gitarren aus und konnte die Songs
spielen. Außerdem übernahm bei diesem
ersten Auftritt Didz von The Cooper
Temple Clause den Gesangspart von Pete.

Die Tour ging weiter, und Pete hatte
sich immer noch nicht gemeldet. Also
wurde Nick, der Roadie, für die weiteren
Auftritte in Deutschland, Holland, Spa-
nien und Frankreich die offizielle Ver-
tretung. Nichtsdestotrotz war die Band
darauf bedacht, Nicks Nachnamen nicht
preiszugeben - seine Rolle in der Band
blieb offiziell unklar. Die Situation
war heikel, und Dohertys Bandkollegen
bemerkten, dass sie sich bereits in einem
Krieg der Worte befanden.

Zu Hause in England hatte nämlich auch
Pete Doherty bemerkt, was los war. Als
er wieder auftauchte, ließ er erst mal
mit voller Wucht einen Gegenangriff in
Richtung seiner Band vom Stapel. Auf der
offiziellen Homepage der Band versuchte
er in einem umständlichen Wortschwall
anzudeuten, dass Carl und nicht Pete der
Unzuverlässige war. Er ließ auch anklingen, dass er der Einzige sei, dem die
Fans etwas bedeuteten.

I been going round
in circles too
much girl!

»Carlos ist letzte Nacht nicht aufgetaucht«, fing Pete an und drehte den Spieß um. Er spielte damit auf einen der vielen »Secret Gigs« der Band an, zu dem Carl angeblich nicht erschienen wäre. Diese Konzerte gehörten in der Anfangszeit zum Selbstverständnis der Band, Auftritte, die für den engsten Kreis von Fans und Freunden gedacht waren und häufig »zu Hause« in den Albion Rooms veranstaltet wurden. »Für mich ... ist das Zeichen genug«, fuhr er im klassischen Stil der Rechtfertigung eines Abhängigen fort. »Ich werde heute nicht um vier Uhr an der Brewery Road sein, um den Tourbus zu besteigen. Ich werde meinem Ärger und meiner Verwunderung und meinen Hoffnungen und meinen arkadischen Erhabenheiten im Moment nicht an der Seite von Mr. Barât Luft machen. Wie könnte ich das tun ... Er hatte versprochen zu kommen.«

Inmitten dieser Rechtfertigungen gab es auch einen verwirrten Moment der Schwäche, einen Aufruf an die Fans, sich auf seine Seite zu stellen. Das hatte eine Flut von unterstützenden Einträgen zur Folge. »Ich bin so verstört, weil ich wieder allein auftreten muss, und ich habe Angst, dass ihr meine Gesellschaft nicht schätzt«, seufzte er. Das war geradezu eine Einladung an die Fans, geschlossen zu antworten: »Nein, Pete, wir werden dich immer unterstützen.« Ganz sicher legte die Vergötterung seiner Fans sich wie eine sehr komfortable Decke um ihn; und die einzige Hinsicht, in der Pete alleine spielen musste, betraf das, was in seinem Kopf vorging.

Doherty hatte verlauten lassen, dass er sich in Leicester »auf dem Weg der Besserung« befände. Warum jemand allerdings nach Leicester fahren sollte, wenn er nicht gerade vorhatte, sich unerlaubte Substanzen zu beschaffen, war eine andere Geschichte. Eine sichtlich verärgerte Sprecherin der Libertines – ihre damalige Managerin Banny Poostchi – versuchte nicht einmal, sein Verhalten in der für Pressemitteilungen üblichen Sprache zu verteidigen. Als sie gefragt wurde, warum sich Pete so verhielt, seufzte sie: »Ich habe keine Ahnung. Ich kann nicht für ihn sprechen. Sie sind aber nicht dabei, sich zu trennen. Sie machen weiterhin zusammen Musik. Sie tun nichts, was ein Libertine nicht tun würde.« Sie bemerkte aber schnell, dass die üblichen Binsenweisheiten auf diese Band nicht zutrafen:

»MAN MUSS KAPIEREN, DASS DIE ÜBLICHEN SPIELREGELN FÜR DIE LIBERTINES NICHT GELTEN.«

Der Definition nach ist ein »Libertine« jemand, der sich von Konventionen nicht einschränken lässt ... und auch nicht von der Moral einer Gesellschaft.

Die verbalen Auseinandersetzungen setzten sich durch den Juni hindurch fort und gingen weiter, als die Band aus Europa zurückkehrte, um ihre bislang größte Tour in Großbritannien zu spielen. Petes Drogensucht hatte ihn soweit verändert, dass er sich weiterhin damit beschäftigte, auf den Internetseiten der Fans über seine Band zu lästern und Phrasen zu dreschen. Seine Klagen waren wieder einmal in Traurigkeit getränkt und brachten ein offensichtliches Verlangen nach seelischer Unterstützung zum Ausdruck, das nicht zu übersehen war. Er schrieb: »Ich habe mit Carlos gesprochen und es ist wahr - er will nicht mit mir in meinem jetzigen ›Zustand‹ auftreten ... Ich bin mir nicht sicher, was er damit sagen will, aber er meint es todernst, und es ist entschieden. Es ist unmissverständlich.«

»Es hat keinen Zweck, sich darüber zu beklagen«, schrieb er. »So ist das eben. Ich komme auch ohne sie alle zurecht, wenngleich Gott weiß, dass ich Carl liebe. Es funktioniert einfach nicht mehr. So ist das nun mal.«

ER UNTERSCHRIEB MIT EINEM UNMISSVERSTÄNDLICHEN SATZ: »DIE KÖNNEN MICH MAL.«

Nur wenige Monate zuvor hatte er diesen Satz auf I GET ALONG geradezu ausgespuckt, und für die Fans der Libertines bedeutete es »Wir gegen den Rest der Welt«. Jetzt wandte er sich gegen seine Kumpel und versuchte, Mitleid in der Öffentlichkeit zu erregen - es schien, als beabsichtigte ein völlig verwirrter Pete Doherty, die Welt gegen die Libertines aufzubringen. In Kürze sollte sich die Welt jedoch gegen ihn wenden, und er würde seine Band mehr denn je brauchen.

In der Zwischenzeit war der Band klar geworden, dass es nichts brachte, sich über Dritte zu äußern, wenn sie die Nähe zu ihren Fans zeigen wollten. Dieses Mal bastelten sie ihre eigene Antwort zusammen und wählten die Internetseite des NME als öffentliche Plattform. Diese gemeinschaftliche Erklärung diente allerdings nur dazu, das zu bestätigen, was die Fans schon befürchtet hatten: Pete würde, ungeachtet der vielen Beteuerungen bezüglich der Zukunft der Band, NICHT an der Tournee durch Großbritannien teilnehmen.

»DIE LIBERTINES WERDEN SICH NICHT TRENNEN, UND IHRE ZUKUNFT IST SICHER.«

»DIE TOUR DER LIBERTINES DURCH GROSSBRITANNIEN WIRD STATTFINDEN, OBWOHL PETER DOHERTY BEI DIESEN AUFTRITTEN NICHT DABEI SEIN WIRD.«

»Es geht Peter nicht gut, und die Band ist sehr um ihn besorgt. Sie haben ihn aus Sorge um seine Gesundheit wissen lassen, dass er sich erst erholen muss, bevor er wieder zu ihnen stoßen kann. Außerdem möchten sie versichern, dass er in dieser schwierigen Phase ihre vollste Unterstützung hat.«

Des Weiteren wurde in dieser Erklärung betont, was für eine »extrem schwierige Entscheidung« es für seine Freunde gewesen sei, sie sich aber geschworen hätten, weiterzumachen, »um die Fans nicht zu enttäuschen«. Die Geschichte der Vierer-Gang, die sich gegen den Rest der Welt verschworen hat, war zu einem Kampf um öffentliche Aufmerksamkeit verkommen, den sie gegeneinander führten. Die Band flehte um Verständnis, und viele Fans kamen weiterhin zu ihren Konzerten, um Spaß zu haben und die Musik zu genießen.

Andere dagegen waren nur gekommen, um immer wieder »Wo ist Pete?« in Richtung Bühne zu skandieren. Es war vor allem kein Spaß für den Ersatzmann Nick, der eigentlich die beste Zeit seines Lebens haben sollte. Stattdessen stand er unfreiwillig im Mittelpunkt der Debatte. Beleidigende Gesten und ermunternde Ausrufe demütigten und unterstützten ihn abwechselnd.

Man konnte die aufrührerischen Gesänge der Fans seit Beginn der Tour vernehmen. Am ersten Abend in der Manchester Academy versuchte Carl, die Zweifler zu beschwichtigen, indem er das zum Standardrepertoire gehörende Lied THE DELANEY seinem in Not geratenen Freund widmete. Aber den meisten Beifall erntete an diesem Abend der neue Song DON'T LOOK BACK INTO THE SUN - der unverkennbar aus der Feder von Doherty stammte.

DIE STUNDE DER WAHRHEIT HATTE GESCHLAGEN: Die Anstrengung, die Carl, John und Gary der Versuch gekostet hatte, die Libertines ohne Pete Doherty zu etablieren, hatte ihnen deutlich gezeigt, dass es für einen zukünftigen Erfolg der Band notwendig war, ihren eigensinnigen, aber talentierten Sänger wieder an Bord zu holen.

DON'T LOOK BACK INTO THE SUN sollte die nächste Single werden und war bereits vor der Tour aufgenommen worden, als Doherty noch dabei war. Es war die letzte Zusammenarbeit mit Bernard Butler von Suede. Scheinbar erfolgte die Trennung entgegen Butlers Wünschen - noch Monate später beharrte er auf seiner Homepage darauf, dass er das zweite Album der Libertines produzieren würde, und dass er nur auf einen Anruf von Carl wartete, um mit der Arbeit zu beginnen.

Zyniker mögen behaupten, dass er wusste, was los war, und dass es ihm darum ging, dass sein Name im Gespräch blieb, denn er selbst stand kurz davor, sein neues Projekt, The Tears, zum Laufen zu bringen (die Leute begriffen schnell, dass der Name The Libertines eine Garantie dafür war, in den Zeitungen zu landen). Auf jeden Fall wurden jegliche seiner Hoffnungen zunichte gemacht, als Doherty wieder zur Band zurückkehrte.

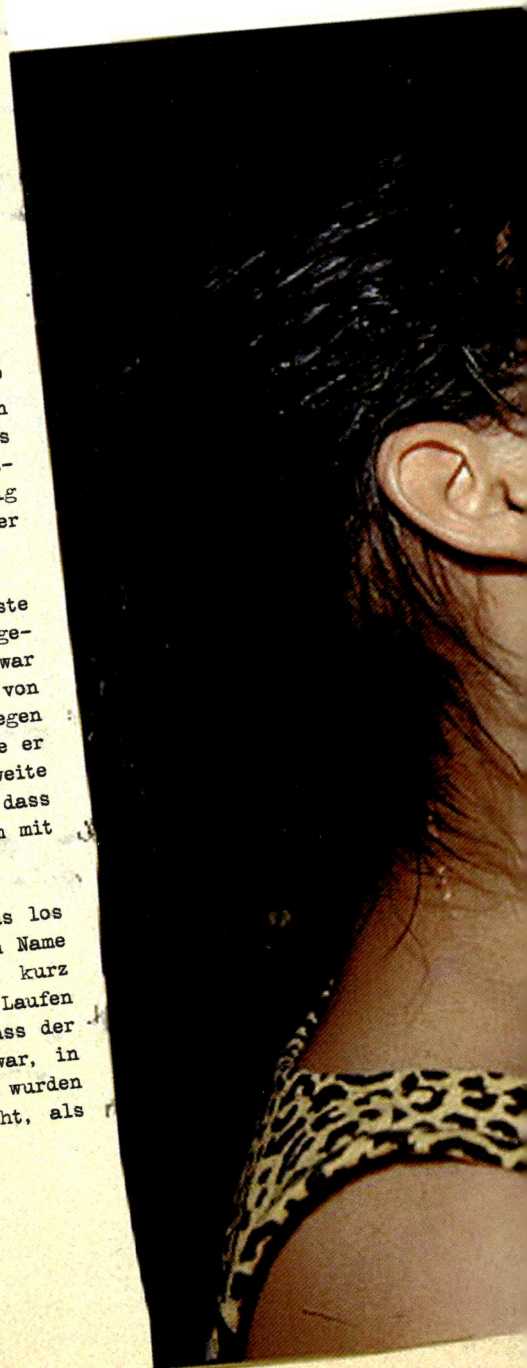

Als sie sich das erste Mal trafen, hatte Butler in Pete seinen stärksten
Fürsprecher. Er war der Einzige, der sich mit voller Zuneigung an Suede
erinnerte. Später aber brachte Butler Pete durch seine Arbeitsweise und
den Mix ihres Debütalbums gegen sich auf. Angesichts der schwierigen
Beziehung während der Aufnahmen (es war im Studio sogar zu Handgreif-
lichkeiten gekommen), war es ein Wunder, dass das ehemalige Britpop-Idol
noch als Produzent gehandelt wurde, als die neue Aufnahme anstand.
Scheinbar war es eine bewusste Entscheidung, nach der eher lockeren
Führung von Mick Jones wieder ein wenig Disziplin einzuführen. Roger
Sargent, Fotograf und Freund der Band, traf wohl ins Schwarze, als er
sagte: »Bernard ist ein ziemlich guter und strenger Lehrmeister, aber
Pete kann mit Autorität nicht umgehen.«

Doherty selbst drückte es etwas anschaulicher aus. »Alles, was ich dazu
in aller Klarheit und ehrlich sagen kann, ist, dass Mick Jones ein
Libertine ist und Bernard Butler ist keiner«, sagte er zu seinem Freund
Pete Welsh.

»ER BRINGT MICH DAZU,
DASS ICH MICH IRGENDWO
VERSTECKEN WILL,
UM CRACK ZU RAUCHEN.«

Es ist kein Zufall, dass keine der von Butler produzierten Singles auf
einem Album landeten. Lediglich die B-Seite I GET ALONG fand einen Platz
auf UP THE BRACKET. Gerechterweise muss man sagen, dass dieses Urteil
nicht aufgrund von Butlers Leistungen, sondern eher aus einem Gefühl
heraus gefällt wurde - rückblickend gibt sogar Pete zu, dass bei der
Zusammenarbeit mit Butler einige ihrer beständigsten Stücke entstanden
waren. Außerdem hatte Butler das Wohlwollen der anderen Bandmitglieder
gewonnen, und zwar für die Art und Weise, in der er versuchte mit Pete
fertig zu werden. Die beste Erklärung dafür, warum diese Singles nicht
auf die Alben passten, ist ästhetischer und nicht persönlicher Natur.
Das Ergebnis der Zusammenarbeit der Libertines mit dem ehemaligen Mann
von Suede klingt anders als die rauhe Schönheit, die sie bei den Aufnahmen mit Mick Jones einfingen, dessen Arbeitsweise darin bestand, dass
sich die Jungs einfach einstöpselten und spielten. Darüber hinaus haben
große Bands wie die Beatles, die Stone Roses und Oasis schon immer
klassische Non-Album-Tracks als Singles veröffentlicht.

Wenn die Wahl des Produzenten ein Versuch war, den abtrünnigen Sohn zu zügeln, ging er nach hinten los. Mick Jones war vielleicht toleranter, was Verspätungen und Aufnahmen, die im betrunkenen Zustand gemacht wurden, anging – aber vor allem verstand er, wie die Band funktionierte. Nach einer von Handgreiflichkeiten gekennzeichneten Aufnahmesession mit Butler hingegen, bei der es nicht zu vielen Aufnahmen kam, musste DON'T LOOK BACK INTO THE SUN aus Petes Gesangsaufnahmen und Butlers eigenen Gitarren-Overdubs zusammengeschustert werden. Durch viel Glück (und wirklich gutes Rohmaterial) klang der Titel dennoch so, dass man ihn veröffentlichen konnte, aber das Experiment, Doherty unter Kontrolle zu bringen, war schief gegangen.

Eine Pressemitteilung zur Ankündigung der neuen Single gab Carl die Möglichkeit, seinen Co-Songwriter anzusprechen – es war wenigstens ein Versuch, ihm zu schmeicheln. »Wir sind uns sehr nahe. Wir sind Brüder«, behauptete er bei der Vorstellung der Single. »Höhere Mächte haben ihn fortgerissen. Er ist ein lieber Freund. Und er ist so ein guter Sänger. Ich vermisse meinen Freund, Gott möge ihn schnell zu uns zurückbringen.«

Traurigerweise sollten die kommenden Ereignisse den weiteren Weg der Band bestimmen, was bedeutete, dass sie niemals wieder die Kontrolle über ihr Leben haben sollten. Carls »Freund« sollte etwas tun, das nicht nur die Aufmerksamkeit der britischen Polizei auf sich ziehen sollte, sondern auch (wesentlich unerfreulicher) die der Boulevardpresse.

Bevor man sich mit dem berühmten Einbruch im Juli 2003 auseinander-
setzt, ist es notwendig zu betrachten, was Pete tat, während die Band
ohne ihn auf Tour ging. Drogen spielten offensichtlich die Hauptrolle in
dieser Zeit. Er hatte sich einige neue »Freunde« zugelegt, seitdem Carl
ausgezogen war, unter anderem den Besitzer einer berüchtigten Crackhöhle
in Camden. Pete hatte sich einige Tage auf Entzug begeben, brach diesen
aber ab. Er hatte sich den Kopf rasiert und verlor beunruhigend viel
Gewicht. Er war dabei, als sein erstes Kind von seiner damaligen Freundin Lisa Moorish geboren wurde. Kurze Zeit später trennten sie sich.

Es soll an dieser Stelle nicht vergessen werden, dass Pete in dieser
ganze Zeit weiterhin Songs komponierte. Er
betrachtete den Namen The Libertines immer noch
als sein Eigentum, und während seines Exils
hatte er versucht, sich den Namen unter den
Nagel zu reißen, um selbst damit aufzutreten.
Mit ein paar Typen aus Yorkshire gründete er
eine Band, und er witzelte herum, man solle
sie t'Libertines nennen. Aber als sich letztendlich die Probleme mit verwirrten Promotern
häuften, die nicht wussten, welche Band sie
gebucht hatten, erkannte er, dass er eine
neue Identität brauchte, wenn er auf eigene
Faust etwas starten wollte (eigentlich muss
auch die rechtliche Seite in Betracht gezogen
werden, aber derartige Faktoren waren Pete
Doherty immer ziemlich egal).

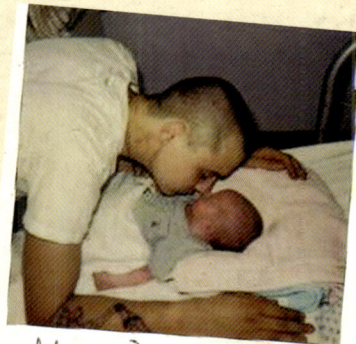

Me & my son

Und so wurde die Band BABYSHAMBLES geboren. In seinem betäubten Zustand
und seinem neurotischen Verlangen nach Anerkennung war die Geburt seines »Babys« von größerer emotionaler Bedeutung als die seines eigenen
Kindes. Wie die Mutter des Kindes sagte, tauchte er wie erwartet
bei der Geburt im Juli auf, aber »das
war alles« und nicht mehr.
Auf der anderen Seite war
seine neue Band ein fri-
scher Start, eine Chance,
sich selbst zu rehabili-
tieren.

All of a Sudden I realised. I
Was naked And all I could
think is ..... what will my
Mother say.....???

ACCESS ALL AREAS
WORKING PASS
FRONT OF HOUSE
PHOTO AFTERSHOW
ARTIST L4INES
VENUE BARL
DATE 2/3
PCL
SCOTLAND

Unglücklicherweise taten ihm seine fanatischen Fans und die schmeicheln-
den Unterstützer beim NME in diesem Fall keinen Gefallen. Babyshambles
waren genau das, was der Name sagt: ein heilloses Durcheinander oder,
wenn man es gut meint, Kleinkinder. Pete zeigte immer Talent, was diese
kleinen Wortspiele betraf - er war darin eigentlich besser als an der
Gitarre. Und möge es unbewusst gewesen sein oder nicht: Der Name, den
er diesem Projekt gab, fasste auf perfekte Weise die traurige Wahrheit
zusammen.

Da Pete das frühere Libertines-Mitglied »Scarborough« Steve an Bord
geholt hatte, hoffte das alte Gefolge aus Camden, etwas von den glorreichen Anfangstagen der alten Band wiedererkennen zu können, und sie
waren bereit, die elend schlechten Auftritte zu ignorieren, um an den
traditionellen Bühneninvasionen teilnehmen zu können. Wenn sie wenigstens genau hingehört hätten, dann hätten sie gemerkt, dass ihr lyrisches
Genie einfach nur in betrunkenem Zustand die Namen der Fußballspieler
der Queens Road Rangers aus den neunziger Jahren über einen Schwall
von Gitarrenfeedback herausbrüllte.

Rückblickend ist es schwer, die Geschichte von Babyshambles nicht als
Signal für den Anfang vom Ende der Libertines zu betrachten, aber es
war noch ein langer Weg, bis das Schicksal Pete endgültig von seiner
ersten Band trennte. Er betrachtete sein junges Projekt als die Verkörperung einer neu gefundenen Fähigkeit, sich dem »großen Bruder« Carl zu
widersetzen; es war auch die einzige Möglichkeit, weiterhin durchgehend
Songs zu schreiben und aufzutreten. Sogar als er noch Mitglied der
Libertines war, beschwerte er sich über zu wenig Auftritte und über die
täglichen acht Stunden im Studio, die ihm als zu wenig erschienen, da
er sich wünschte, die ganze Nacht durch Songs aufzunehmen - in diesem
Sinne brauchte er scheinbar das Nebenprojekt, egal, ob er in Carls Band
willkommen war oder nicht.

Dennoch wäre es falsch, dieses zweitklassige Knei-penband-Experiment als eine gesunde Ablenkung zu betrachten; besonders zu einer Zeit, als Petes Leben einen neuen Tiefpunkt erreichte. Dieses Projekt hielt ihm nicht den Ärger vom Hals, und es zeigte ihn weder musikalisch von seiner besten Seite, noch brachte es ihn in irgendeiner Weise weiter. Es förderte eigentlich nur die Verbitte-rung und die Rivalität gegenüber seiner alten Band, die immer noch ihr Bestes tat, um ihm die Tür zur Rückkehr offen zu halten.

AM 25. JULI 2003 GINGEN DIE LIBERTINES TAUSENDE VON MEILEN ENTFERNT WEITER IHREN WEG UND VERSCHLOSSEN SICH DER WAHRHEIT.

Genauer gesagt waren sie in Japan, aber das hielt Pete Doherty nicht davon ab, sich wieder in ihr Leben zu drängen. Man könnte sagen, er drängte sich wieder durch die Hintertür zurück in das Bewusstsein der Band - oder eher durch die schlecht befestigte Kellertür. Er benötigte Geld für Drogen und war immer noch wütend auf seinen früheren besten Kumpel, deshalb brach er in die Wohnung von Carl Barât ein und plünderte sie.

Doherty wurde verhaftet, weil jemand der Polizei einen Wink gegeben hatte, und er wurde zum Horse-ferry Magistrates Court in London gebracht. Heute noch verachtet er Lisa Moorish, die Mutter seines Kindes, dafür, dass sie ihn angezeigt hat - aber so gestört seine Wahrnehmung der Realität auch gewesen sein mag, konnte er nicht erwartet haben, ungeschoren davonzukommen. Nicht, wenn er sofort nach dem Einbruch Freunden von Carl erzählte, was er getan hatte, und wenn er zuvor in der Wohnung eines anderen Freundes dieses Vorhaben ausbal-dowert hatte.

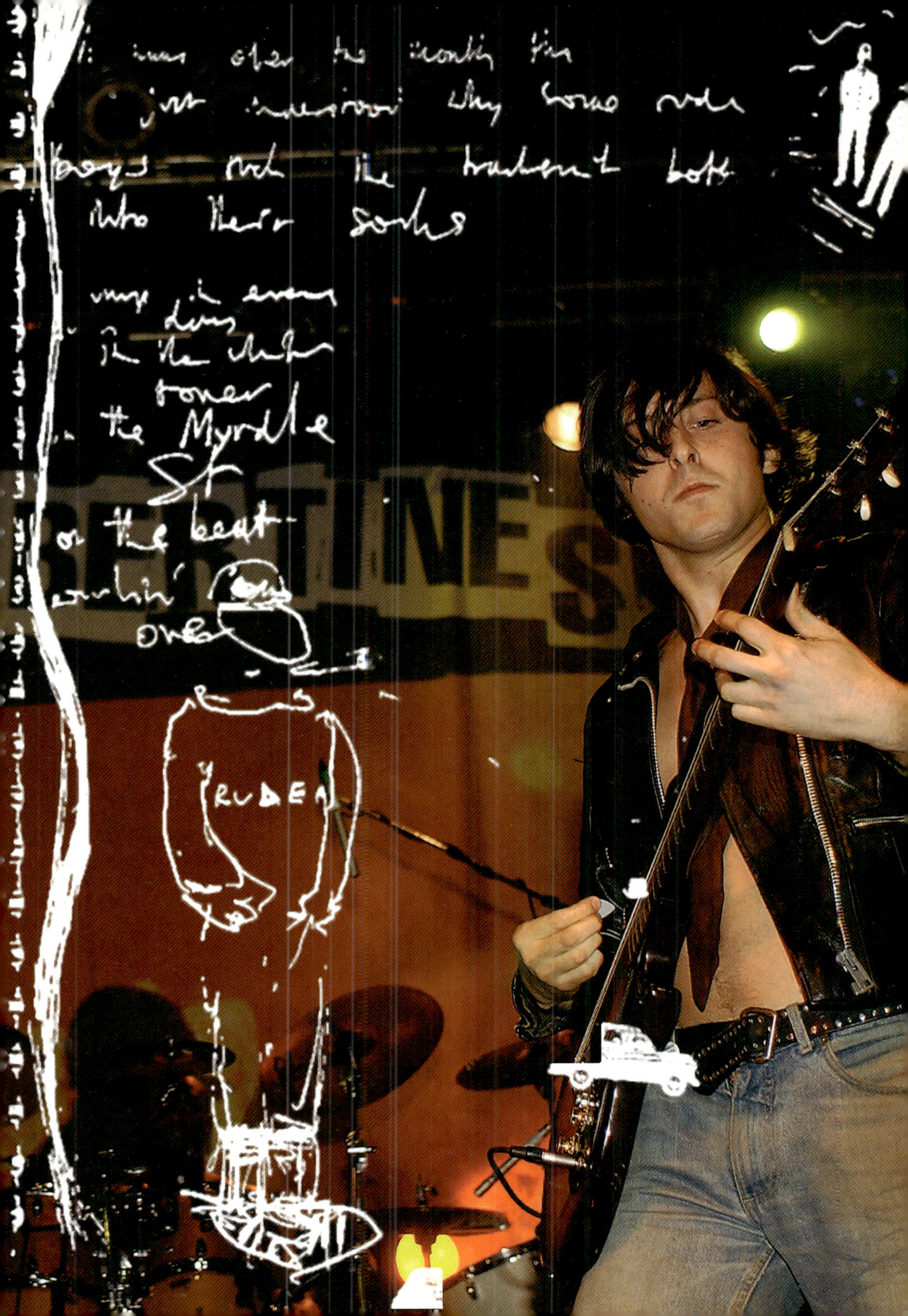
the Myrtle
RUDE

Es liegt nahe, dass Petes Aktionen Hilfeschreie waren. Er suchte einfach die Aufmerksamkeit seiner entfremdeten Bandkollegen und bekam sie
auch. Aber dahinter steckten auch weniger konstruktive Motive. Rache
muss hier als ein Faktor betrachtet werden, vor allem auch die unmit-
telbare Geldknappheit. Doherty hatte es zur Gewohnheit werden lassen,
sich bei Freunden Geld zu leihen und es ihnen von dem Konto der Band
zurückzuzahlen. Er war sogar von Carl dabei erwischt worden, wie er
sich die Unterschrift seines Bandkollegen von ihrem eingerahmten Vertrag
einprägte, um sie auf Bandschecks zu fälschen. Jedoch blieben die großen
Geldbeträge, die vom Bandkonto abgebucht wurden, nicht unbemerkt, und
so kam es, dass er kein Geld mehr bekam, wenn er es für einen Schuss
brauchte. Tatsache war, dass Doherty eineinhalb Jahre lang Geld von der
Plattenfirma ausgegeben und dadurch eine Crackabhängigkeit entwickelt
hatte, die er sich nicht leisten konnte, sowie eine Heroinabhängigkeit,
die er nicht kontrollieren konnte.

Er hatte diese Probleme bereits in einem verheerend ehrlichen Interview
mit dem NME anklingen lassen, als die Libertines im Oktober 2002 zum
zweiten Mal auf der Titelseite erschienen. Aber jetzt nutzte er das
selbe Magazin - welches er zu der Zeit verwünschte und ablehnte, weil
es angeblich Heroin verherrlichte -, um eine weitere freche Attacke gegen
den Mann zu starten, den er gerade erst ausgeraubt hatte.

»Ich glaube, dass er sich über den Grad meines generellen Verfalls
täuscht«, sagte er am 7. August über Carl. Er verteidigte seinen eigenen
Zustand und ging anschließend auf die kreative Schwäche seines Kollegen
ein. »Ich glaube, er kann seit einer Weile keine Songs mehr schreiben.
Ich werde jedenfalls nicht zu Hause sitzen wie eine Hausfrau, so wie ich
es früher gemacht habe - als er ausging und sich in der Stadt herumge-
trieben hat, während ich zu Hause saß und Akkorde zusammengesetzt habe.
Ich habe jetzt eine neue Band.« Er meinte aber nicht Babyshambles.

»Wir heißen immer noch The Libertines. Wenn er in einer Band namens
The Libertines spielt, dann werde ich bei den Libertines ohne ihn spielen.«

Ein paar Tage später tauchten bei der Gerichtsanhörung die Details bezüglich seines Verrats auf, und seine Worte schienen nun noch realitätsferner zu sein. Doherty zeigte keinerlei Reue, obwohl er akzeptierte, dass eine Gefängnisstrafe auf ihn zukam. »Die Haft bleibt eine Option«, unterstrich der Richter, und Doherty selbst sagte zu Lisa Moorish, dass er wahrscheinlich »ein paar Jahre fort sein« werde, also müsse sie sich um das Kind kümmern. Es schien, als behandelte er diese ganze Angelegenheit eher als ein weiteres surreales Abenteuer anstelle der kriminellen und vorsätzlichen Zerstörung einer Freundschaft.

Er bekannte sich des Einbruchs sowie des Diebstahls einiger Gegenstände schuldig - unter den gestohlenen Sachen befanden sich ein CD-Player, ein Videorekorder, ein Laptop sowie diverse Instrumente, unter anderem eine alte Gitarre. Er dementierte einzig den Diebstahl einer unauffindbaren Summe von zweihundert britischen Pfund sowie eines NME Awards, eine Vermutung, die er scheinbar als Beleidigung ansah. Er begann mit der Schadensbegrenzung und ging am nächsten Tag mit seiner Geschichte an die Öffentlichkeit. Aber dieses Mal war es nicht nur der NME, dem er seine Drogenprobleme erzählte, sondern auch die Londoner Zeitung EVENING STANDARD. Quasi über Nacht war er vom Feuilleton auf die Nachrichtenseiten gelangt. »Ja, ich bin heroinabhängig, ja, ich bin crackabhängig, und ich weiß nicht, was ich tun soll«, verkündete er mit einer reuigen Aufrichtigkeit, die die ganze Welt an das enthüllende Interview von Martin Bashir mit Prinzessin Diana erinnerte.

»Als ich wegen Einbruchdiebstahls verhaftet wurde, fanden sie Spuren von Opiaten und Crack in meinem Blut. Ich bin total niedergeschlagen, unsicher, ich weiß nicht, was ich tue, ich brauche einen gewaltigen Tritt in den Arsch, und ich brauche Hilfe.«

Es ist schwierig zu sehen, was man von seinen Aussagen als bewusste Ver-
teidigung anbringen kann. Eigentlich war Doherty während dieser ganzen
Zeit permanent in einem Zustand verminderter Zurechnungsfähigkeit, aber
positiv auf harte Drogen getestet zu werden hat noch nie einen Polizisten
dazu gebracht, bei einem Einbruch ein Auge zuzudrücken. Pete stellte
sich als eine Art Robin Hood dar, indem er darauf bestand, dass er
trotz der Drogensucht das Geld denjenigen geben wollte, denen es noch
schlechter ging als ihm selbst. »Ich ging zu Carlos, um mit ihm darüber
zu reden, dass ein Schlagzeuger und ein Bassist bei mir im Stockwerk
wohnten. Sie waren arbeitslos, und ich musste ihnen einfach Geld geben,
weil sie Musiker waren. Ich ging zu Carlos, um zu sagen, dass ich ihnen
von meinem eigenen Geld nichts geben konnte«, sagte er.

Es gibt einige Beweise für Carls und Petes Großzügigkeit in der Vergangenheit. Beide erinnerten sich daran, wie der andere jeweils große
Mengen an Geld in unbeschrifteten Umschlägen an die Obdachlosen gab,
nachdem sie ihren ersten Vorschuss bekommen hatten (eine Geste, die man
zuvor bereits beim damaligen Stone Roses-Sänger Ian Brown und anderen
gesehen hatte). Pete erzählte eine Geschichte von Carl, wie er in der
Brick Lane einer ehemaligen nordenglischen Schönheit 1500 britische
Pfund gab, und sie wusste nicht, wie sie damit umgehen sollte: Sie war
verwirrt und schrie ihm hinterher. Pete behauptete von sich selbst, dass
er einem Stadtstreicher in der Charing Cross Road 800 Pfund geschenkt
habe. Als er den Plattenvertrag unterzeichnete und seine eigene Wohnung
anmietete, kündigte Pete außerdem an, dass er jedem etwas zurückgeben
würde, »auf dessen Sofa ich jemals gepennt habe und von dem ich je
einen Joint geschnorrt habe.« Es existierte tatsächlich ein Gefühl der
Gemeinschaft, des Erfolgs, den man sich teilte, und es existierten auch
die Mittel, die dazu zur Verfügung standen, wobei niemandem wirklich der
Wert des Geldes wichtig war - besonders als sie alle zusammen in den
Albion Rooms wohnten. Aber als Pete Carls Wohnungstür eintrat, wusste
er, dass er einen Schritt zu weit gegangen war. »Ich habe ziemlichen Mist
gebaut«, waren seine Worte an Lisa; nicht aus Reue, wohlgemerkt, sondern
aus Angst. Er hat vielleicht gedacht, dass Carl ihm etwas schuldete.
Aber so sehr er das Wort »Junkie« auch hassen mochte: Der Einbruch
entsprach der Denkweise und dem Handeln eines Junkies.

Doherty erinnert sich, wie er mit sich selbst draußen vor Carls Wohnung kämpfte, bevor er die Grenze überschritt. Er behauptet, dass er dachte, er streite sich gerade mit Carl, als er in Wirklichkeit sein eigenes Spiegelbild anschrie. »Als ich es bemerkte, trat ich die Tür ein. Ich war umringt von absolutem Elend und Verzweiflung«, seufzte er. »Es war, als würde ich ihn fragen: ›Warum ignorierst du mich?‹ - ein Schrei aus der Dunkelheit.« Der Aspekt des »Hilfeschreis« bei seinen Aktionen kann nicht ignoriert werden, aber es muss unter Berücksichtigung der Tatsache betrachtet werden, dass sich sein Verhalten nicht von dem der unzähligen Abhängigen unterscheidet, die sich im Teufelskreis der Beschaffungs- kriminalität befinden.

DER ERFOLGSDRUCK, DER KREATIVE DRUCK, DAS VERLANGEN, AUF DER BÜHNE ZU SEIN UND DAS GEFÜHL DER UNGERECHTIGKEIT – DIESE GRÜNDE SCHEINEN EHER GLAMOURÖS ZU SEIN, SIND ABER LETZTENDLICH ALLE DEM VERLANGEN NACH DER DROGE UNTERGEORDNET.

Er machte alles noch trauriger, als er der Presse erzählte: »Man geht nicht zum Entzug, man gibt es einfach auf. Es muss aus dem Inneren kom- men.« Er hatte bereits 300.000 Pfund Schulden, war aber scheinbar nicht willens, das Angebot seiner Plattenfirma anzunehmen, eine Entziehungs- kur zu machen (er hatte zu Beginn des Sommers einen Entzug begonnen, verließ die Klinik aber nach ein paar Tagen wieder). Diese leeren Worte unterstrichen noch die Falschheit seiner Reue. »Es war keine Rache. Ich spüre Reue, ich fühle mich krank«, erzählte er dem STANDARD, aber diese Worte stehen in absolutem Kontrast zu den Berichten seiner Freunde aus dieser Zeit.

Er machte genauso weiter wie Carl und behauptete, dass er auf kreativer Ebene härter arbeiten wolle als sein Bandkumpel. »Carlos begnügt sich damit, ein Album aufzunehmen und eine Weile dafür Promotion zu machen. Ich kann so etwas nicht, ich muss einfach immer Songs schreiben.«

Dennoch kam an diesem trüben Tiefpunkt von Petes Karriere unerwartete Hoffnung auf. Die Situation führte dazu, dass die Band über ihre Zukunft sprach. Das ganze Land sprach über sie, und das war immerhin auch schon ein positives Zeichen. Es bedeutete auch, dass niemand mehr Petes Problem bestreiten konnte, nicht einmal Pete selbst. Jeder wollte irgendetwas aus dieser Situation heraus retten. Die Plattenfirma musste ihre Investition beschützen und begann sofort, die Möglichkeit einer Reunion anzusprechen, sobald Doherty aus dem Gefängnis kam. Rough Trade konnten ihre sozialen Verpflichtungen erfüllen, indem sie über Pflege und Entzug sprachen, während ihnen absolut bewusst war, dass ihr Produkt größer wurde als je zuvor.

Das sollte jetzt nicht wie eine zynische Betrachtung der Geschäftspraktiken klingen - Rough Trade sind bekannt dafür, dass sie sich um ihre Künstler kümmern. Innerhalb einer schmutzigen Industrie genießt Geoff Travis den Ruf, die Interessen seiner Künstler in den Vordergrund zu stellen, während der A&R-Mann James Endeacott eine persönliche Beziehung zur Band hatte, die weit über die beruflichen Gepflogenheiten hinausging. Er wird folgendermaßen zitiert: »Wir wollen nur, dass es Pete besser geht - Rough Trade wäre es egal, wenn die Band nie wieder eine Platte aufnehmen würde.«

Aber obwohl jeder von der Band so begeistert war, war angesichts der Verkaufszahlen des ersten Albums eine gewisse Enttäuschung aufgekommen - und wenn sie ihre Karriere neu starten wollten, dann würde es wieder auf dem Rücken der traurigen Berühmtheit Petes sein. Das war etwas, das sie nicht mehr ändern konnten, auch wenn sie es wollten.

Pete schlug von sich aus vor, zusammen mit der Band bei den Carling-Festivals in Reading und Leeds aufzutreten und begann damit gleichzeitig einen Prozess der Wiedergutmachung für die chaotischen Auftritte im vergangenen Sommer. Carl war etwas umsichtiger, und es wurde eine Mitteilung veröffentlicht, in der stand, dass sie definitiv ohne Pete bei den Festivals auftreten würden; privat ebnete er den Weg für eine mögliche Reunion. Er war darauf vorbereitet, jetzt den großen Mann zu spielen, aber von diesem Punkt an sollten alle Augen auf der Beziehung der beiden liegen.

DON'T LOOK BACK INTO THE SUN wurde am 18. August veröffentlicht und war ihr bis dato größter Hit: Die Single erreichte Platz 11 der britischen Charts.

Man kann diesen Erfolg nicht nur dem Publicity-Faktor zuschreiben. Es ist einfach ein brillanter Song, und die Chartpositionen der Libertines waren stetig mit jeder Veröffentlichung angestiegen. Top 40, Top 30, Top 20, und jetzt standen sie kurz vor den Top Ten. Dies ist eine erstrebenswerte, aber auch natürliche Entwicklung für jede neue Band, und es war nicht außergewöhnlich. Aber man muss sich daran erinnern, dass die ganze Publicity, die die Band seit der Top 20-Single TIME FOR HEROES erhalten hatte, fast durchgehend nur negativ war. Miese Auftritte, Konzertabsagen und Diebstahl hatten das Jahr 2003 begleitet, während sich ihr Album kontinuierlich weiter verkaufte. Natürlich wurde ihr nächster Schritt mit viel Neugier betrachtet, und DON'T LOOK BACK INTO THE SUN wurde vom Radio schnell aufgegriffen. Dennoch muss hier angemerkt werden, dass der ganze Gerichtstrubel im Vorfeld der neuen Veröffentlichung den Verkäufen überhaupt nicht schadete.

This is (a)
lovers
running
away...

Die Band war jedoch noch nicht aus dem Schneider. Dohertys Verurteilung
stand im September an, und die Aussichten wurden immer trüber, um nicht
zu sagen düster.

Dohertys Anwalt Richard Locke hoffte, dass der Beweis der Drogenabhängigkeit zu einer Sozialstrafe führte, die von einem Programm zur Behand-
lung seines Drogenproblems begleitet würde. Es war ein vernünftiger
Appell, aber Doherty zu verteidigen war eine sehr undankbare Aufgabe.
Der Richter hatte sofort eine Abneigung gegen den jungen Punk und war
schnell darin, ihn aufgrund seines Äußeren und seines plötzlichen Reich-
tums - wie ein neidischer Journalist oder ein missgünstiger Szenegänger
aus Camden - vorzuverurteilen: »Er hat wahrscheinlich für sein Alter zu
schnell zu viel Geld verdient und hat begonnen, sich verantwortungslos
zu verhalten. Diese Leute werden auf einen Schlag reich, nicht so wie
die meisten von uns, die studieren und hart arbeiten müssen.«

In gewisser Weise hatte der Richter Recht mit dem, was er sagte - wenigstens mit dem ersten Teil. Aber Pete half sich selbst nicht sonderlich
damit, als er auf den zweiten Vorwurf unangemessen reagierte. Er konnte
es nicht ertragen, plötzlich von jemandem herablassend behandelt zu
werden, der sich in einer mächtigeren Position als er selbst befand.
»ICH HABE hart gearbeitet«, protestierte er in einer Weise, die irgendwo
zwischen einem Winseln und einem Knurren lag. Der Richter Roger Davies
war unbeeindruckt und verhängte eine völlig unerwartete Gefängnisstrafe
von sechs Monaten. Er fügte hinzu, dass die ernsthafte Natur der Straf-
tat durch die offensichtliche Verachtung gegenüber einem »Kollegen und
Freund« verschlimmert wurde.

IM ZUSCHAUERRAUM DES GERICHTS NAHM MAN MIT FASSUNGSLOSIGKEIT DAS URTEIL AUF.

Petes Freunde waren erschüttert, und seine Familie weinte, als der junge
Vater in die Zelle geführt wurde. Locke begann sofort, die Berufung
vorzubereiten, indem er zur Milderung der Strafe erklärte, dass dies
eine »impulsive Tat« gewesen sei, die in einem »höchst emotionalen und
drogenbeeinflussten Zustand« ausgeführt wurde. Danach unterrichtete er
die Presse über seine Hoffnung, dass die Strafe reduziert werden könne,
aber eine gewisse Zeit im Gefängnis war nun unvermeidlich.

Verzweifelt hatte Locke gegenüber dem Gericht zugegeben, was aus seiner
Sicht die wahre Motivation hinter dem Einbruch war - es war nicht das
Geld für Drogen: »Es gibt eine lange und bittere Vergangenheit zwischen
ihm und Mr. Barât. Mr. Dohertys Eindruck war, dass er vom Rest der
Band verraten und verkauft wurde.« Das war nicht, was die Fans hören
wollten, aber glücklicherweise sollte es einer Reunion nicht im Wege
stehen - jedenfalls nicht offiziell. Von dem Moment an, als Pete aus der
Band geworfen wurde, redete man einzig darüber, wie es möglich wäre,
dass Carl Pete zurück in die Band holen könnte.

Die Gefängnisstrafe von sechs Monaten wurde im Middlesex Guildhall
Crown Court reduziert: Nach der Berufung und dem Eingeständnis seiner
Schuld wurden aus sechs Monaten Strafe lediglich zwei, später wurde
sie aufgrund des »guten Verhaltens« zu einem Monat reduziert - es war
sicherlich das erste Mal seit seinen Jugendtagen, dass Doherty ein sol-
ches Lob bekommen hatte. Und so wie Carl es versprochen hatte, war er
für Pete da, als dieser am 8. Oktober aus dem Gefängnis kam - an diesem
Abend spielten sie zum ersten Mal seit Monaten wieder zusammen, dieses
Mal vor zweihundert Fans im Club Tap N' Tin in Chatham, Kent. Das Konzert wurde von den traditionellen Bühneninvasionen der Fans begleitet,
und man sprach sogar von einer Weihnachtssingle. Pete und Carl mussten
erst einmal Zeit miteinander verbringen, um sich erstens ihren jewei-
ligen Dämonen zu stellen und zweitens Songs für das zweite Album zu
schreiben. Aber Pete hatte immer noch andere Eisen im Feuer.

Zu dieser Zeit hatte man bei Rough Trade erkannt, dass Babyshambles vielversprechendes Potenzial hatte, daher nahm man sich der Sache an und sicherte sie ab, bevor man riskierte, den Star, den sie bereits mit seiner Hauptband unter Vertrag hatten, zu verprellen. Es wurde zu einem legitimen Seitenprojekt, eine Chance für Pete, das Zeugs abzuladen, das Carl aus unerklärlichen Gründen nicht leiden konnte (beginnend mit dem Namen »Babyshambles«.).

Ein großartiger Song von Babyshambles aus dieser Zeit, DON'T LOOK BACK INTO THE SUN, war bereits in das Set der Libertines eingeflossen, aber Pete spielte diesen Song auch weiterhin mit seiner neuen Band. Es fanden zwei chaotische Konzerte statt, die die reformierten Libertines am 17. und 18. Oktober gaben, und am 11. November folgten zwei Sets von Dohertys neuer Band, bei denen auch Carl anwesend war und die ebenfalls chaotisch abliefen. Sie fanden in der Wohnung statt, in der bereits Dohertys erste Band zur Legende geworden war. Ob die Wahl des Armistice Day, des Tags des Waffenstillstands, nun beabsichtigt war oder Zufall - die Auftritte schienen eine Art Feuerpause zwischen den einst rivalisierenden Fraktionen zu bewirken.

Das bedeutete jedoch nicht, dass es nicht immer noch Verbitterung gab. Sänger »Scarborough« Steve war wütend, weil Pete anscheinend das Ruder bei der neuen Band übernommen hatte - nach den Libertines war es somit das zweite Mal, dass er zusehen musste, wie ihm die größte Chance seines Lebens aus den Händen glitt.

Vielleicht war es ein diskreter Rat der Plattenfirma, die nicht noch mehr Egos unter Vertrag nehmen wollte, wenn sie Babyshambles übernahmen; vielleicht war es einfach nur Pete, der gemerkt hatte, dass er die emotionale Stütze seines Mitstreiters nicht mehr brauchte, da er wieder in den Schoß der Libertines-Familie zurückgekehrt war. Es war auch nicht gerade hilfreich, dass Carl seinen früheren Kollegen als schlechten Einfluss auf Pete betrachtete.

So oder so fanden sich vierzig Fans durch Mundpropaganda in den Albion Rooms ein, um zu sehen, wie sich die Pete Doherty-Show fortsetzte. Es muss sich wie die offizielle Vorstellung von Babyshambles angefühlt haben, wobei die Band eher ein legitimer Kanal für seine Energien war als einfach nur ein selbstzerstörerisches Durcheinander. Die vierzig Zuschauer passten nicht in seine schäbige Wohnung hinein, deshalb spielte er zwei separate Sets. Beide Shows beinhalteten DON'T LOOK BACK INTO THE SUN, als wolle er auf etwas anspielen, sowie den neuen Song WHAT KATIE DID, der später auf dem zweiten Album Kultstatus erreichen sollte. Zusätzlich trug er mit Galgenhumor eine Version des Stranglers-Hits GOLDEN BROWN sowie den traditionellen Song WE'LL MEET AGAIN vor – eine ironische Anspielung auf seine Zeit im Gefängnis.

Pete konnte es sich leisten, bezüglich seiner Zeit im Gefängnis Witze zu machen: Er wurde nicht vergewaltigt oder von den Gefängniswärtern verprügelt und hatte genügend Zugang zu Gras, Haschisch und Heroin, aber zum Glück war er wenigstens vom Crack losgekommen; er fand sogar die Zeit, in dem kurzen Monat Dostojewskis Werk SCHULD UND SÜHNE zu lesen. Sicher, er konnte auch einige Geschichten erzählen über Einschüchterung, das gelegentliche Gerangel, ein halbherziges Fluchtangebot, eine gefährliche Situation mit einem Dealer und wie er in der Schlange fürs Abendessen vor Hunger beinahe ohnmächtig wurde. Aber diejenigen, die ihm Gesellschaft leisteten, unterschieden sich nicht so sehr von denen, die in den Monaten des Exils von den Libertines mit ihm zu tun hatten, während sein Ruf als Schlitzohr neue Ausmaße erreicht hatte. Die unerfreulichste Erfahrung schien ihm im September 2003 während seines Transfers vom Königlichen Gefängnis Wandsworth in eine offene Strafanstalt widerfahren zu sein, als seine Familie ihn besuchen durfte. Als Lisa das Baby mitbrachte, sagte er, dass er »es nicht erwarten konnte, zurück in die Zelle zu gehen, ich fühlte mich hässlich und schmutzig«. Es war kein Wunder, dass er fand, einen Zug aus der Crackpfeife verdient zu haben, als er aus dem Gefängnis kam; »eine kleine Belohnung nach dieser Periode der Abstinenz und des Leidens«.

Wer hat gesagt, dass einem eine Gefängnisstrafe eine Lektion erteilt? Wahrscheinlich dieselbe Person, die sagte, dass man die Dinge erst zu würdigen weiß, nachdem sie einem weggenommen wurden.

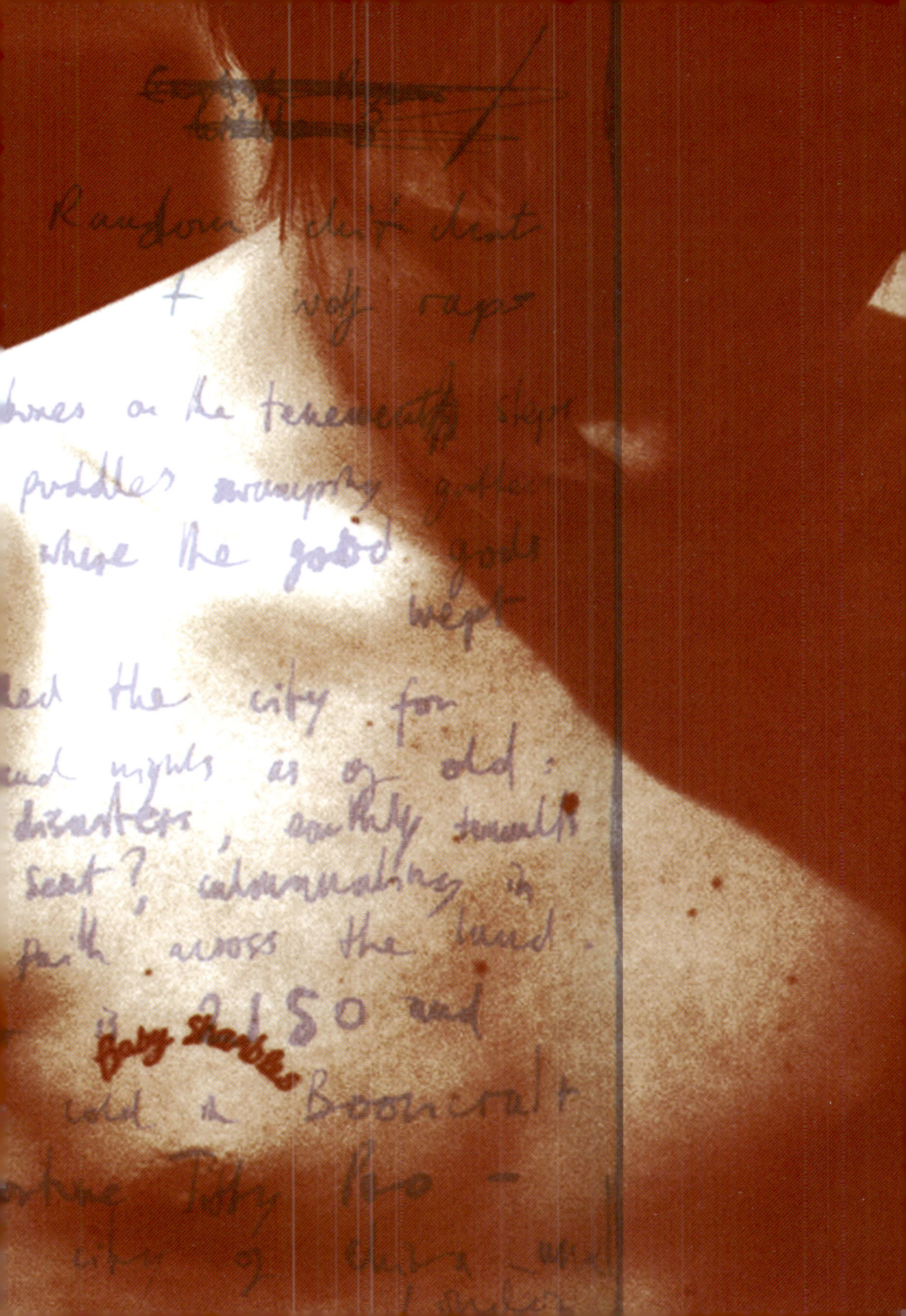

Random client dent
+ wolf rap

dones on the tenement stript
puddles swamping gutter
where the good gods
wept

led the city for
and nights as of old:
disasters, earthly tumult
scat?, calumniating in
faith across the land.

is 2150 and
told a Broomcroft
shine Titty 120 -
city of china

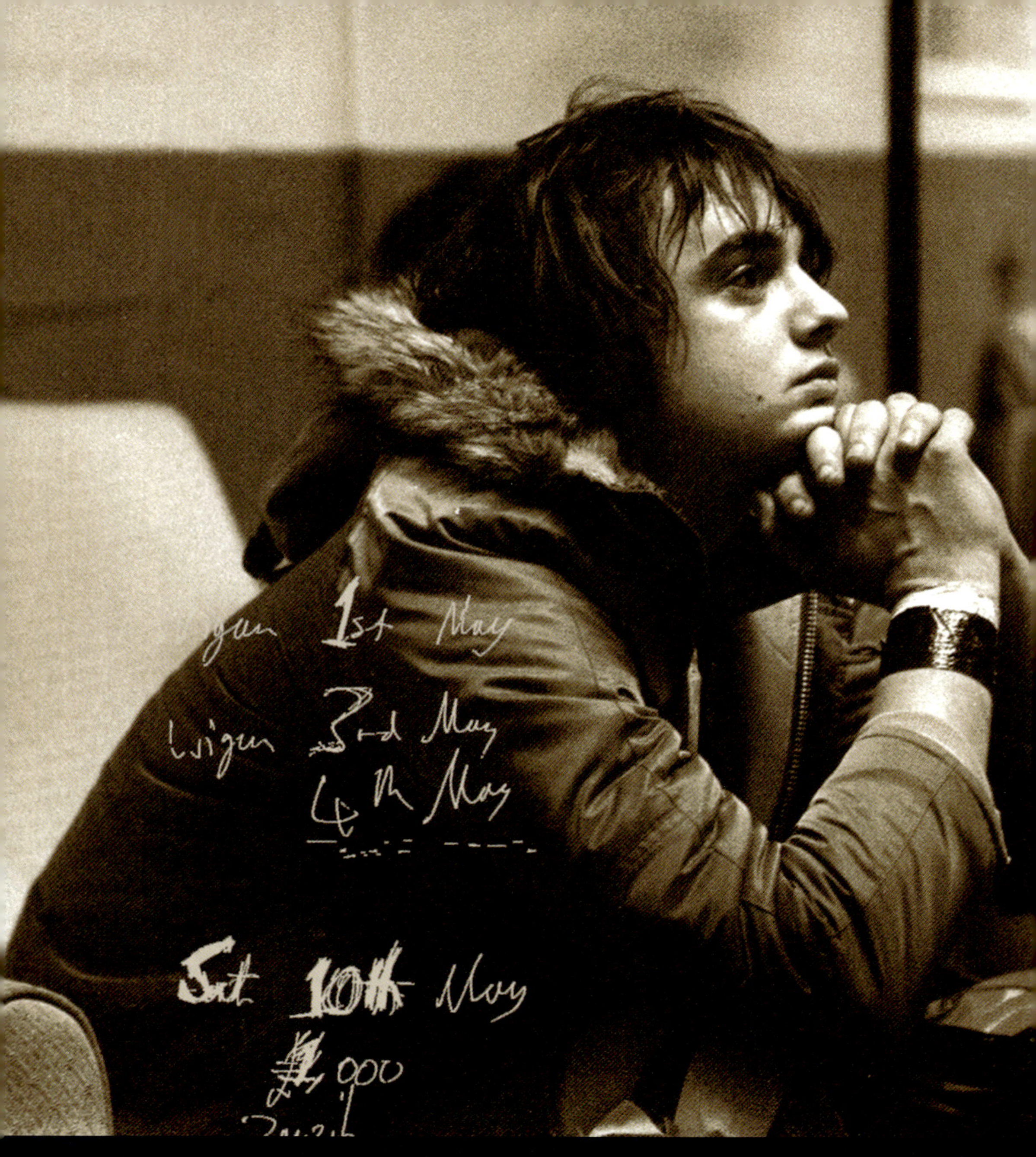

1st May
Wigan 3rd May
4th May
Sat 10th May

DIE »LIKELY LADS«

Die Libertines waren immer noch vorrangig. Pete und Carl mussten sich schnell wieder zusammenraufen, also zogen sie gemeinsam in die Nähe der walisischen Grenze, um zusammen mit dem Songwriting zu beginnen, was Doherty unnachahmlich als ein »Haus in Form eines arkadischen, viktorianischen Kremsers« beschrieb. Obwohl eine gewisse Anspannung zu spüren war, hatten sie viel Spaß, besonders, weil sie gute Songs schrieben. WHAT BECAME OF THE LIKELY LADS sollte bald eine Fanhymne werden, und die Herkunft des Songs war ziemlich eindeutig. Noch besser war offensichtlich die Tatsache, dass sie mit Alan McGee einen neuen fantastischen Manager an Bord hatten. Dies dämpfte auf gewisse Weise den Schock, als Banny Poostchi plötzlich ihren Job aufgab – zu einer Zeit, in der ihre Band zu den heißesten Acts gehörte. Ihre Entscheidung war jedoch verständlich, da sie in den vergangenen zwei Jahren um eine Dekade gealtert sein musste. Sie hatte zu Recht erkannt, dass man Doherty nicht managen konnte. Außerdem hatte McGees steigender Einfluss ihre Rolle als Managerin an den Rand gedrückt; aber wenn er dachte, dass seine Präsenz allein diesen unberechenbaren Act im Zaum halten konnte, hatte er sich geirrt.

»Sie sind die extremste Band, mit der ich jemals gearbeitet habe«, sagte der frühere Guru von Oasis und Primal Scream. »Es ist eine Art, die überhaupt nicht zum Rock'n'Roll passt. Ich weiß nicht, was es ist – eine Geisteskrankheit wahrscheinlich.«

Trotz des imposanten Rufs war McGee ein wahrer Fan. Letztendlich waren es gute Absichten und seelsorgerische Pflege, die es ermöglichten, die Band so weit zu führen, dass ein weiteres Album aus der fragilen Beziehung der Protagonisten entstehen konnte. Obwohl es zu jener Zeit danach aussah, als habe Poostchi sich damit abgefunden, eine Fußnote in der Geschichte der Libertines zu sein, ist ihre Leistung, lange genug dabeigeblieben zu sein, um den Verkauf von 100.000 Alben mitzuerleben, im Nachhinein als durchaus eindrucksvoll anzusehen.

Pete und Carl mussten beide symbolische Gesten des Verzichts vollziehen, um die Band wieder zusammenzubringen. Pete schmiss Steve aus seiner Band, und die Libertines mussten sich von ihrem Ersatzgitarristen Anthony Rossomando verabschieden, der ihnen während ihrer Sommertournee ausgeholfen hatte. Wie der Name bereits vermuten lässt, hätte Anthony auch von den Strokes kommen können. Der Freund und Biograf der Band, Pete Welsh, beschrieb ihn sehr passend auf folgende Weise: »Er hatte auch diese fettigen Haare und trug die typische New Yorker Mode. Er sah aus wie eine Mischung aus allen fünf Mitgliedern der Strokes. Aber er war einfach nicht Pete Doherty.«

Er sah vielleicht gut auf der Bühne aus, verspielte sich nicht so oft und hielt den Mund, aber Anthony Rossomando und die Libertines schafften es nie, die Fans so zu entzücken wie bei einer Show von Pete und Carl. Es wurde niemals behauptet, dass er mehr tun sollte, als für jemand anderes den Platz warmzuhalten, daher trennten sich Anthony und die Jungs auch nicht im Zwist. Außerdem kam ihnen wahrscheinlich auch der Gedanke, dass sie seine Hilfe nochmals brauchen könnten.

Die Band schloss ein unglaublich schwieriges Jahr in Partylaune ab, indem sie im Dezember mit der Originalbesetzung auf eine Minitour gingen. Die drei Konzerte im Forum im Londoner Stadtteil Kentish Town zeigten, was die Fans vermisst hatten, wobei Pete am letzten Abend sein eigenes Chaos wieder mal fortsetzte. Trotz der Sicherheitsvorkehrungen, die dazu gedacht waren, Bühneninvasionen der Fans zu unterbinden, kündigte Pete an, dass die Band den letzten Song wahrscheinlich nicht »ohne mindestens 65 Leute auf der Bühne« spielen könnte, und diese 65 Leute taten ihm prompt diesen Gefallen. Zuvor war ein exzentrischer Traum wahr geworden, als Pete zusammen mit den Helden seiner Kindheit, Chas 'n' Dave, auf der Bühne stand. Der Band Blur war damals zu ihren PARKLIFE-Zeiten vorgehalten worden, dass sie das Straßenhändleraussehen der beiden kopiert hätten. Mit Dohertys offener Unterstützung hatten die Libertines das Unmögliche möglich gemacht - durch sie wurden Chas 'n' Dave cool.

Naja, wenigstens für diese zehn Minuten.

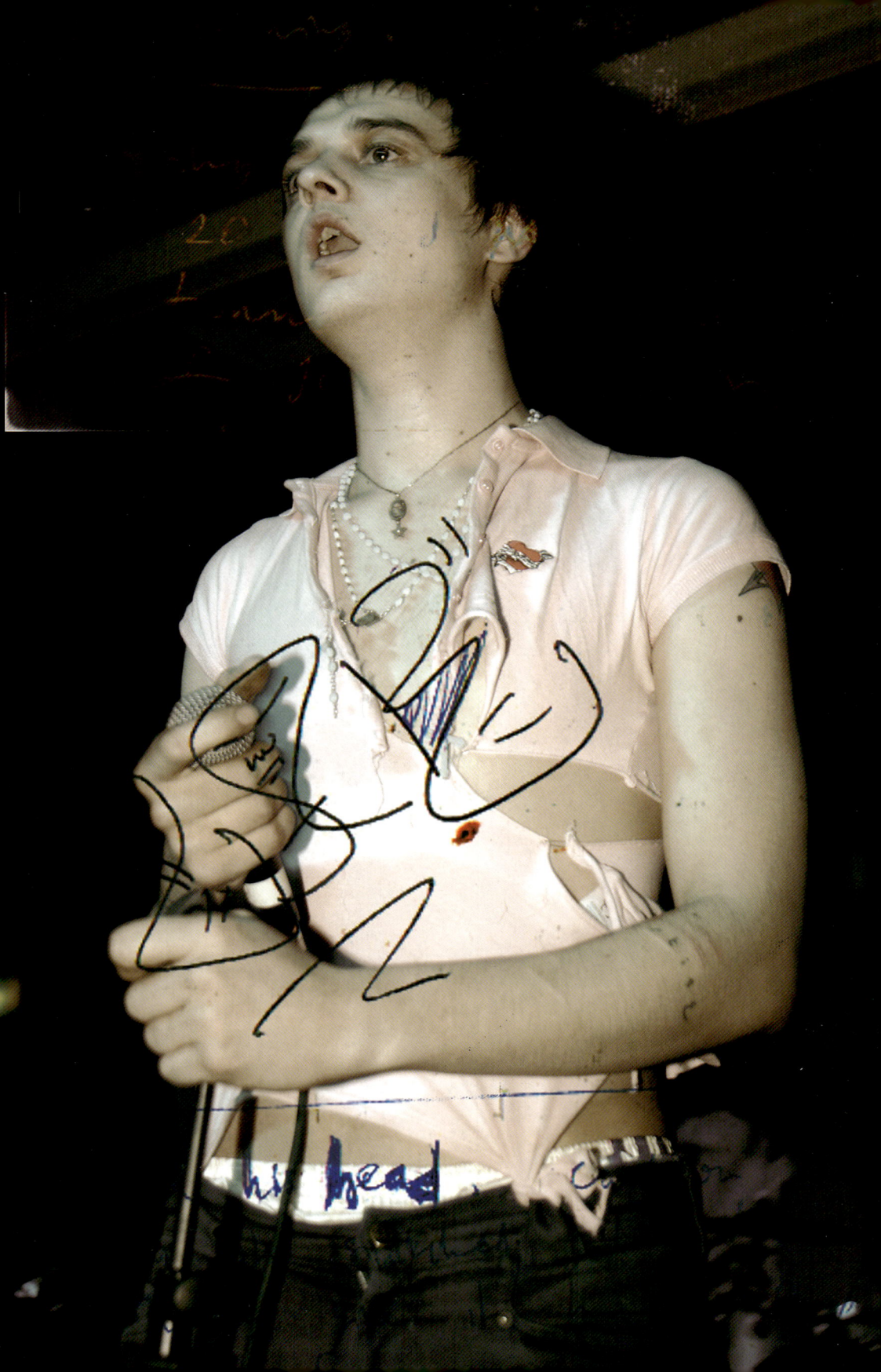

Das Jahr 2004 begann für die Libertines außerordentlich gut – im Februar wurden sie bei den NME AWARDS als beste britische Band ausgezeichnet. Aber jeder, der nach guten Omen Ausschau hielt, sollte daran erinnert werden, dass ihr Annus Horribilis 2003 genauso angefangen hatte. Als sollte die uneingeschränkte Fanloyalität unterstrichen werden, erhielten sie den Titel im Jahr 2005 erneut – obwohl sie zu der Zeit bereits im Wesentlichen als Band nicht mehr existierten. Bei beiden Preisverleihungen im Londoner Hammersmith Palais war Peter Doherty nicht anwesend und gab damit die Richtung für das jeweils nächste Jahr vor, in dem er sein berüchtigtes Nichterscheinen fortsetzen sollte.

Seinen ersten öffentlichen Auftritt im Jahr 2004 hatte er Anfang März in der Londoner Brixton Academy. Als Pete ohne Vorzeichen plötzlich ausflippte und mitten im Set seine Gitarre zerschlug, folgte ihm die ganze Band, als er daraufhin die Bühne verließ – teilweise um Solidarität zu zeigen, teilweise aus Neugier –, um zu sehen, was los war.

Nach einer schnellen Zusammenkunft hinter der Bühne kehrte die Band zu dritt auf die Bühne zurück, und Bassist John Hassall übernahm die Backing Vocals. Dieses Mal schaffte Pete es, sich schnell genug wieder zu beruhigen und vor dem Ende des Sets auf die Bühne zurückzukehren. »Tut mir Leid. Ich hatte irgendwie miese Laune«, sagte er, bevor er mit der Band zusammen THE GOOD OLD DAYS zum Besten gab.

Aber jegliche Hoffnung, dass dies eine Besinnung darstellte, war voreilig – er hatte sich beruhigt, indem er die Brust aufgeschlitzt hatte; es war nur eine andere Art seiner üblichen selbst zugefügten Verletzungen, und traurigerweise sollte dies nicht das letzte Mal gewesen sein, dass er so etwas tat.

at the mercy of ~~other~~ people

Es stellte sich heraus, dass 2004 ein seltsames Jahr werden sollte, in dem die Libertines groß herauskamen und in dem sich gleichzeitig Pete Doherty letztendlich und unumkehrbar von der Band trennen sollte. Die ersten Anzeichen dafür gab es mit der Ankündigung im Februar, dass Pete ein Nebenprojekt mit seinem Kumpel Wolfman aus Camden veröffentlichen würde. Beide waren öfter in den letzten drei Jahren zwischen all dem Chaos zusammen aufgetreten, aber »The Wolf« war zu sehr sein eigener Herr, als dass er sich selbst einem vagen Konzept wie dem der Babyshambles unterordnen würde. Er hatte einfach einen Song, und er wollte, dass Pete ihn sang.

Die Fans der Libertines waren nicht allzu beunruhigt, denn die Ankündigung im Februar schien anzudeuten, dass Pete UND Carl sich das Projekt teilten. Die Fans wurden dabei nicht in die Irre geführt, aber es war trotzdem nicht ein gemeinsamer Versuch, das ursprüngliche Songwriter-Team wieder zu stärken. Carls Rolle war auf die B-Seite BACK FROM THE DEAD beschränkt, eine eingängige, rockigere Nummer, auf der er Gitarre spielte und sang. Vielleicht war es ein politischer Zug von Wolfman, indem er versuchte, ein Freund von beiden zu sein - wie jeder in der Szene. Dennoch war der Name auf dem CD-Cover klar und eindeutig: »Wolfman feat. Peter Doherty, For Lovers.«

Außerdem war die A-Seite bei Weitem die denkwürdigere Hälfte des
Projekts. Es war eine außergewöhnliche Arbeit für Doherty, und die
Zeitungen bezeichneten den Song als »aufsteigende Ballade« - die warme
radiofreundliche Produktion und das Gefühl des üppigen Dekors verbargen
den sehr einfachen und auf eine Weise wundervollen Song. Es war eine
Überraschung, wenn nicht sogar ein Verrat für einige Fans, dennoch
waren die meisten Verehrer Dohertys (die den Stil des Songs wahrscheinlich eher geeignet für, sagen wir, Elton John hielten) in der Lage, aus
sich herauszugehen und sich einzugestehen, dass sie den Song liebten.
Die Single stieg im April in die britischen Top Ten ein - ein Erfolg,
den kein Libertine bisher geschafft hatte. Während der Song einerseits
einfach kommerziell war, muss man den Doherty-Faktor dennoch hoch
anrechnen: einerseits die Schärfe, die er dem Text verlieh und die dem
Song diese gewisse Besonderheit gab, und andererseits die eher lästige
Tatsache, dass alles, was er zur Zeit tat, in den Medien auftauchte.
Nach seiner Zeit im Gefängnis kam diese Art der Berichterstattung über
den »schlimmen Pete« auf, auch wenn dieser Song absolut das Werk seiner
anderen Seite ist: Pete, der Poet des Volkes.

Obwohl die Arbeit am zweiten Album THE LIBERTINES in vollem Gange war
und Mick Jones wieder als Produzent fungierte, setzte Doherty seine
Bestrebungen außerhalb der Band fort, indem seine nächste Veröffentlichung unter dem Namen Babyshambles erfolgte.

Die auf zweitausend Stück limitierte Single wurde von einem Londoner
Indie-Label namens High Society mit dem Segen von Rough Trade veröffentlicht. Letztere hatten immer noch das Sagen bei allem, was Doherty
herausbrachte, aber man wollte beobachten, in welche Richtung dieses
Projekt ging. Der Song selbst, der wie die Band einfach nur BABYSHAMBLES
hieß, war das erste Lied im Set bei einem dieser berüchtigten ersten
Gigs, aus der Zeit als Pete versuchte, ebenfalls unter dem Namen The
Libertines aufzutreten. Der Promoter hatte sich einfach den ersten Titel
auf ihrer Setlist herausgepickt und die Band unter diesem Namen angepriesen.

Es war außerdem einer der Songs, die Pete Carl während einer Aufnahmesession in in New York unterschieben wollte, aber Carls Reaktion diesbe-
züglich war sehr ablehnend – nicht nur, weil Pete seine crackabhängigen
Freunde ins Studio eingeladen hatte. »Ich war dagegen. Mir gefiel der
Titel nicht, ich fand, dass er keine Relevanz zu irgendetwas hatte,
außer zu Petes Chaos«, sagte er später. So oder so nahm Pete die Songs
auf und nannte sie die BABYSHAMBLES SESSION, und damit war der Grund-
stein für seine Unabhängigkeit gelegt.

Die Bandbesetzung von Babyshambles von 2004 mit den zwei Neuzugängen
Patrick und Seb an Bass und Schlagzeug schien keine große Bedrohung
für die mächtigen Libertines darzustellen: Laut seinen Bandkollegen
machte sich Carl Barât mehr Sorgen um den Aufstieg der neuen Presselieb-
linge Franz Ferdinand. Also nahm er mutig an der Eröffnungsparty von
Babyshambles teil, eine Gelegenheit, die für die Fans scheinbar wieder
ganz im Stil der alten Libertines war. »Was für ein Abend, was für ein
großartiger Abend! Die Leute stürmten die Bühne, der Club wurde aus-
einander genommen, das Konzert wurde gestoppt, und es endete mit einer
Straßenparty mit Pete an der Gitarre ... absolut Rock'n'Roll!«, schrieb
ein begeisterter Fan auf NME.COM.

Freilich bekam der Club The Underground in Stoke-on-Trent an diesem
Abend des 21. April ordentlich eins übergebraten, aber nicht bevor man
Pete bei einem Gastauftritt mit der Vorgruppe The Paddingtons und ein
spontanes Libertines Akustik-Set bestaunen konnte, bei dem Carl und
Pete WHAT A WASTER vortrugen. Um Mitternacht traten dann Babyshambles
auf. Auch hier lag der Schwerpunkt der Berichterstattung eher auf den
Possen als auf den Songs, wobei Doherty an der schlecht befestigten
Dekoration des Clubs riss, bis das ganze Publikum es ihm nachmachte und
die Wände nachgaben.

Dies bedeutete jedoch nur, dass sich die Party auf die Straße ver-
lagerte, wo iie wiedervereinten Frontmänner eine Gruppe von grö-
lenden Jugendlichen anführten, die erst von der Polizei aufgelöst
wurde. Es war die Art eines unbeschwerten Abends, durch den die
Libertines ihren Ruf als Liveband aufgebaut hatten, jedoch eher
in friedlicher Stimmung, bei dem sich die Menge ruhig nach Hause
begab und der Promoter eher entzückt als erzürnt war. »Der Abend
endete auf eine Weise, die man nur als Rock'n'Roll beschreiben
kann!«, lachte er schallend wie ein naiver Vater, als er seine
Einnahmen zählte. Babyshambles wurden sogar für die nächste
Woche wieder eingeladen - wahrscheinlich als Entschädigung für
die Schäden, die in die Tausende gingen.

Traurigerweise tat die Aufmerksamkeit, die Babyshambles als Live-
Act bekamen, Petes Ruf keinen Gefallen. Tatsache war, dass beun-
ruhigte Fans im Mai an die Fanzines schrieben und über seinen
Gesundheitszustand spekulierten. Vielleicht wollten sie einfach
glauben, dass er krank war, um die enttäuschenden Auftritte zu
entschuldigen - aber sie hatten Recht mit der Annahme, dass er
wieder voll und ganz auf Drogen war. Mitte Mai wurde er in die
Priory-Entzugsklinik eingewiesen.

Sein kurzer Besuch in der Farm Place Klinik im Sommer 2004 - in Wirklichkeit ein sehr kurzer Besuch - wurde von der Plattenfirma wie von
den Bandkollegen optimistisch als eine »Intervention« betrachtet, ein
gescheiterter Versuch und gleichzeitig das erste Zugeständnis, dass
irgendetwas nicht in Ordnung war. Irgendwie hatten es die Libertines
zwischen Babyshambles-Konzerten und extremen Sauftouren geschafft, die
Aufnahmen für ihr zweites Album zu beenden, bevor sie Pete ins Krankenhaus brachten.

Aus seinen Berichten, die er aus der teuren Londoner Klinik schrieb,
ging hervor, dass er total verschuldet war und sich sehr isoliert fühlte.
»Mir geht's gut ... sie haben mich mit einer Menge Medizin vollgestopft«,
begann er beschwichtigend seinen Bericht. »Habe sehr verwirrte und düstere Erinnerungen an die letzten Tage. Eine Schar von Schwestern steht
um mein zerknittertes Bett, sie springen alle auf, als ich schreiend
aufwache und irgendwas von Marmelade brabbele. Dann bemerke ich eine
Nadel, die aus meinem Arm guckt, und Blutspritzer. Was zum Teufel geht
hier vor? Kotze und Schreie, ein Mädchen ist in ein Handtuch gewickelt
und geht trällernd den Flur entlang.«

Diese Gedanken wurden nicht wie zuvor auf der Homepage der Libertines
veröffentlicht, sondern auf der Babyshambles-Website - seinem eigenen
Internetportal. »Wenigstens ist mein Laptop noch hier bei mir«, klagte
er mit Pathos. »Der Einzige, der immer an meiner Seite stand.« Das war
wahrscheinlich Selbstmitleid, aber Tatsache war, dass er sich von Carl
absolut im Stich gelassen fühlte. Sein Bandkumpel kam ihn im Priory-
Krankenhaus einmal besuchen, was immerhin einmal mehr als im Gefängnis
war, aber Pete behauptete herablassend, dass er sich daran nicht erinnern könne. In Kürze sollte er das Gerücht verbreiten, dass er aufgrund
eines erhöhten Suizid-Risikos unter Beobachtung stand.

»Spuren von selbst zugefügten Verletzungen auf meinem dürren Körper, aber nichts könnte mir ferner liegen, da ich mich in der besten Verfassung seit Jahren befinde«, informierte er die Leser von BABYSHAMBLES.COM mit der Heiterkeit eines Mannes, der auf 16 verschiedenen Arten von Methadon ist. Pete kommt einem vor wie Jack Nicholson, als dieser in EINER FLOG ÜBER DAS KUCKUCKSNEST seine geistige Gesundheit beteuert. Er behauptete, dass die Schwestern ihn ständig kontrollierten, weil sie alte Narben entdeckt hatten: »Genug, um jeden von Crack und Heroin abzubringen.«

Aber er versprach auch, dass er wieder zurückkehren würde zu »Peter Doherty, wer immer das auch sein mag«.

Nach zwei Wochen verließ Pete die Klinik, was ein beträchtlicher Fortschritt gegenüber seinen vorangegangenen Bemühungen war. Keiner erwartete, dass ein teurer 14-tägiger Aufenthalt in einer Entzugsklinik mit einer nicht endenden Zufuhr von Antidepressiva eine gänzliche Erholung darstellte. Wenn man bedenkt, dass Pete zugegeben hatte, nach seinem letzten Klinikbesuch im vergangenen Jahr Schulden im sechsstelligen Bereich bei seiner Plattenfirma zu haben, fragt man sich, wie sehr seine Verbindlichkeiten am Ende dieses Aufenthaltes angestiegen waren.

Plötzlich, als das zweite Album veröffentlicht werden sollte, das entweder den großen Erfolg oder den Untergang versprach, beendete er seine Zusammenarbeit mit den Libertines. Er sprach nicht mehr mit dem NME und gab sich sogar auf seiner eigenen Homepage wortkarg. Es zeichnete sich ab, dass er folgendes Medium für die Ankündigung seines Ausstiegs auswählte ... das Boulevardblatt THE SUN. Warum hatte er den Feind ausgewählt? Nun, dafür gab es wohl zwei Gründe: Erstens, weil er die Möglichkeit hatte, und zweitens, weil sie ihm Geld für das Interview zahlten (vorausgesetzt, er plauderte nichts darüber aus, auch nicht auf BABYSHAMBLES.COM).

Das Interview lief auf eine Zurückweisung von Familie und Freunden hinaus sowie auf die gänzliche Ablehnung von Carls Freundschaft. »Wir sind an einen Punkt gekommen, an dem Carl und ich nicht mehr miteinander reden, außer auf der Bühne«, beschwerte er sich (und vergaß offenbar, dass er gerade mit einem Boulevardblatt sprach). »Es bricht mir das Herz. Er behandelt mich schlecht, und jedes Mal komme ich zu ihm zurückgekrochen wie eine verprügelte Hausfrau.

Ich komme mir vor, als würde ich nach dem Geist einer früheren Freundschaft suchen, aber Carl hat mich schon vor Jahren aufgegeben. Wenn er zu mir kommt und meine Hand nimmt, können wir das Imperium vielleicht wieder zurückgewinnen. Aber im Moment gehöre ich nicht mehr zu der Band.«

Den unzähligen Fans, die er enttäuscht hatte, erklärte er lediglich: »Sicherlich will niemand sehen, wie ich in diesem Käfig gefangen bin, der mich nur traurig macht.«

Es war eine düstere Zeit, in der scheinbar niemand wusste, wo Pete steckte, aber jeder hatte eine Theorie. Jemand, der sich als Doherty ausgab, tauchte kurz auf der Homepage der Libertines auf und bettelte die Fans an, ihm ein paar Tausender zu leihen. In Wirklichkeit waren Pete und seine Freundin nach Frankreich durchgebrannt, um sich zu erholen.

Doch die Flucht endete sehr schnell. Als seine Mutter Wind davon bekam und ein Machtwort sprach, kehrte er widerwillig zurück zum Entzug - erst in Frankreich, dann folgte ein zweiter Besuch im Priory Hospital. Im Internet geisterten wilde Gerüchte herum bezüglich seines Aufenthaltsortes. Seine Fans hatten Angst, dass er bereits denselben Weg gewählt hätte wie Richey Edwards, der frühere Gitarrist der Manic Street Preachers, der 1995 spurlos verschwunden war, aber Alan McGee versuchte, die Fans zu beruhigen. »Er befindet sich wirklich in guten medizinischen Händen, also bitte hört auf, Gerüchte in die Welt zu setzen«, bat er die Fans. »Seine Mutter ist zur Zeit permanent bei ihm, und sie ist ihm eine große Hilfe.« Pete war jetzt nicht mehr der Rock'n'Roll-Star, sondern eher ein krankes Sorgenkind. Die Fanseiten wurden mit Angeboten von Fans überflutet, sich um ihn zu kümmern.

Kurz darauf verließ er die Klinik und verschwand wieder einmal. Am 7. Juni verwarf ein besorgter Sprecher der Libertines die Taktik, die Gerüchte unkommentiert zu lassen, und gab der Nachfrage nach Information den Vorrang: »Peter hat das Priory-Krankenhaus heute morgen verlassen. Über seinen Verbleib ist momentan nichts bekannt, obwohl jede Anstrengung unternommen wird, ihn zu finden. Wir sind alle sehr besorgt um seinen Gesundheitszustand.« Trotz Petes Behauptung, die Band verlassen zu haben, bestand das Management immer noch darauf, dass die Band sich nicht getrennt habe und statt dessen auf die Genesung ihres Frontmannes wartete.

Am selben Abend tauchte Pete plötzlich wieder auf, und zwar auf der Bühne zusammen mit den Libertines. Die Band spielte im Infinity Club, auf der eigentlich The Boxer Rebellion als Headliner vor etwa einhundert Gästen bei der Eröffnungsfeier der DIRTY PRETTY THINGS-Nacht auftreten sollten, einer von den Libertines unterstützten Clubnacht. Sie spielten sich durch ein Set voller Klassiker sowie die bald erscheinende Single CAN'T STAND ME NOW. Am Abend nach Carls 26. Geburtstag, mit einem stürmischen GOOD OLD DAYS als letztem Song und dem Versprechen, dass bald ein neues Album kommen sollte, musste es einem plötzlich so vorkommen, als wäre alles ein schlechter Traum. Der NME kündigte stolz an, dass sie »alles andere taten, als sich aufzulösen«, und auch die Meldung, dass Pete für eine intensive Entziehungskur nach Thailand fliegen sollte, wurde als eindeutig gute Neuigkeiten verkündet.

»Wenn er irgendwo für immer clean werden kann, dann dort«, posaunte Alan McGee heraus. »Um ehrlich zu sein, können seine Mutter, Carlos und ich nicht glauben, dass er es wirklich getan hat, aber er ist halt ein Mann der Überraschungen.« Er meinte es ernst. Das Thamkrabok-Kloster konnte eine hohe Erfolgsquote vorweisen und wurde in den vorangegangenen Monaten von der Boulevardpresse angepriesen, nachdem June Brown - eine Darstellerin aus der britischen Seifenoper EASTENDERS - es Pete empfohlen hatte. Natürlich liebten die Klatschblätter das ungleiche Pärchen und ignorierten damit Junes ernsthafte Arbeit für eine Anti-Drogen-Kampagne. »Ich bin ein großer Fan der Libertines«, soll die 77-Jährige gesagt haben, deren Patenkind eine Crack-Abhängigkeit bekämpft hatte. Der Aufenthalt in Thailand war jedoch nur ein weiterer Schritt im Leben des Pete Doherty, das immer surrealer wurde: An einem Tag wird berichtet, dass er verschwunden ist, dann steht er mit der größten britischen Band der Stunde auf der Bühne, und am nächsten Tag wird er von einem durchgeknallten Mönch in Thailand zur Vernunft gebracht.

BABY SHAMBLES LP?

1. A REBOURS
2. ALBION
3. STIX & STONES
4. GANG OF ...
5. EAST OF EDEN
6. BABYSHAMBLES
7. KILLAMANGIRO
8. AT THE FLOPHOUSE
9. SHEEPSKIN TEARAWAY
10. PIPEY MAGRAW
11. MERRY GO ROUND
12. I LOVE YOU (BUT ...)
13. WOLF MAN
14. WHAT KATIE DID

15. DON'T BE SHY
16. CLEMENTINE
17. LAST OF THE ...
18. IN LOVE WITH ...
19. I WANNA BREAK ...
20. THE MAN WHO ...

Traurigerweise war der surreale Traum kein Teil der Realität. Doherty war nicht eine der 100.000 Seelen, die ihren Seelenfrieden in diesem alten Spiritualismus fanden, und er befand sich drei Tage nach seinem Schwur, nie wieder Drogen zu nehmen, wieder auf dem Heimflug. Es ist wahrlich deprimierend, sich seine optimistischen Äußerungen sowie jene derer, die ihm nahe stehen, durchzulesen, die an den Tag seiner Abreise geknüpft waren. Pete hatte am Tag nach dem Auftritt Folgendes geschrieben: »Ich habe Mick Jones, Carl, John und Gary gestern Abend getroffen, und ich weiß, dass ich all die Probleme beseitigen kann und weiter meine großartigen arkadischen Träume und göttlichen Abenteuer ausleben kann, meine lieben Söhne und Töchter Albions. Gott weiß, dass ich über eine innere Stärke verfüge. Ich will leben.«

Alan McGee hatte der Öffentlichkeit, also der Presse und den Fans, Folgendes gesagt: »Alles, worum wir euch bitten, ist, dass ihr euren Glauben an Pete Doherty und die Libertines bewahrt. Dieser Mann mag für einen Monat unterwegs sein, er könnte vielleicht sogar dem Westen den Rücken kehren und niemals zurückkehren. So oder so wird der Mann, den wir dort hinausgeschickt haben, als eine andere Person zurückkehren.« Es muss wirklich ernüchternd gewesen sein, wenn nicht sogar peinlich für jeden, der persönlich involviert war, der Öffentlichkeit zu erklären, dass Pete mit dem nächsten Flugzeug zurück nach Hause kam. Besser gesagt, er kam nicht nach Hause - er machte einen Abstecher nach Bangkok, der Partystadt. Die Libertines hatten ihre Auftritte bei den Sommerfestivals abgesagt, damit Pete sich wieder erholen konnte, und er reiste halb um die Welt, um eine Opiumhölle zu finden.

Natürlich waren die Boulevardblätter am meisten daran interessiert, zu diesem Thema eine Stellungnahme von June Brown zu bekommen. Die Dinge wurden auch nicht besser, als Pete nach England zurückkehrte. Tatsache war, dass er innerhalb von 24 Stunden nach seiner Landung wieder in Polizeigewahrsam war - dieses Mal wegen des Besitzes einer gefährlichen Waffe. Er war von der Polizei wegen eines Verstoßes im Straßenverkehr angehalten und daraufhin vermutlich aufgrund seines Rufes, der ihm vorauseilte, durchsucht worden, wobei die Polizisten ein Klappmesser fanden. Pech oder Schicksal - es war sicherlich ein weiterer Beweis dafür, dass Pete Doherty auf der ganzen Welt vom Ärger verfolgt wurde.

Außerdem war er, als die wahre Geschichte zu den Fans gelang, mittlerweile der Einzige, der den anderen die Schuld für seine Probleme gab. So viel war klar, als er und Carl sich in einer berühmten Sammlerausgabe des NME im August gegenüberstanden, wobei die Fans zwischen zwei unterschiedlichen Ausgaben wählen konnten - eine Ausgabe brachte Carls Sicht der Dinge und die andere Petes. Carl war wie immer eifrig bemüht, Frieden zu schließen, aber klang pessimistisch, was die Zukunft betraf: »Ich will mit meinem lieben Freund zusammen in einer Band spielen«, protestierte er, was einem vorkam, als lese man es zum millionsten Mal. »Das ist alles, was ich dazu sagen kann. Und ich glaube nicht, dass ich in einer Band namens The Libertines sein will, wenn er nicht dabei ist, auf lange Sicht gesehen.«

Das könnte man vielleicht als Anspielung auf Petes frühere Versuche verstehen, ebenfalls unter dem Bandnamen aufzutreten; vielleicht hatte er auch einfach nur die Nase voll. So wie Doherty die Verschlechterung ihrer Beziehung über die letzten drei Jahre sowie den stürmischen und konkurrenzbetonten Anfang beschrieb, hörte es sich mittlerweile ziemlich abgedroschen an, wie Barât den abtrünnigen Pete als »Freund« bezeichnete. Die Art, in der Carl die Idee eines glücklichen Wunderlandes beschrieb, in dem sie die Welt als die besten Freunde eroberten, als ungeschlagene Brüder, erschien so unwirklich und fantastisch wie Petes Arkadien, nach dem er ständig suchte.

Pete für seinen Teil räumte ein, dass Carl »Abstand brauchte«. Aber er war hauptsächlich wieder dabei, sich selbst zu rechtfertigen. Bei dieser Gelegenheit schmetterte er die Spekulationen der Regenbogenpresse nieder, dass ihn seine Drogenabhängigkeit pro Tag eintausend britische Pfund kosten

würde (eine Summe, an der die Presse heute noch festhält). »Ich habe niemals eintausend Pfund pro Tag für Heroin ausgegeben, so ein Quatsch«,
sagte er geradeheraus. Und die Gerüchte bezüglich seines Todes waren
definitiv voreilig.

Die Geschichte der Libertines sollte jedoch ab Juli 2004 ohne Doherty
weitergehen - auch wenn es eine Geschichte war, die für immer in seinem Schatten stand. Barât sagte zu der Zeit, dass er die Anwesenheit
Dohertys »im Nacken« spüren könne, wann immer er ohne Pete auftrat,
also in diesem ganzen Sommer. »Wir beabsichtigen, alle bestehenden Tour-
verpflichtungen ohne ihn zu erfüllen. Peters launischer Gemütszustand
bereitet uns große Sorgen, und wenn wir ihn mit auf Tour nähmen, würde
es seine Probleme nur verschlimmern«, war das letzte Wort zu diesem
Thema am 30. Juni. An diesem Wochenende bestätigte Doherty gegenüber
einer Sonntagszeitung, dass es an der Umgebung der Band selbst lag,
die ihn dazu brachte, sich zu betäuben. Solange er mit seinem schwachen
Willen von den Libertines umgeben war, würde er von den Drogen nicht
loskommen.

Zweifellos hegte er die Hoffnung, dass die Dinge mit seiner neuen Band
anders verlaufen würden. Die Besetzung von Babyshambles wurde letztendlich im Sommer 2004 festgelegt, mit Patrick Walden an der Gitarre,
Gemma Clarke am Schlagzeug und Drew McConnell am Bass. James Mullord
versuchte sein Bestes als Manager, und Doherty übernahm natürlich den
Gesang. Aber die Hoffnungen, dass diese weniger konkurrenzbetonte Umgebung förderlich für Dohertys Gesundheit war, erwies sich als absolut
falsch.

Hartnäckige Gerüchte hielten sich die ganze Festivalsaison hindurch,
dass jeder Auftritt der Libertines derjenige sein könnte, bei dem Pete
wieder mit ihnen zusammen auftrat. Der gerissene Carl tat nichts, um
diese Gerüchte zu dementieren, aber jedes Mal, wenn sie gesichtet wurden
oder die Gelegenheit bestand, wurde nichts daraus. Seit dem schottischen
Festival T In The Park war Anthony Rossomando wieder zurück in die
Band geholt worden. Bei jeder Gelegenheit spielte die Band zu tosendem
Applaus, aber sie fühlte sich verpflichtet, »unserem besten Freund
Peter« zu danken, dem Mann, der so viele ihrer Songs geschrieben hatte,
einen besonderen Beifall zukommen zu lassen. Die Single CAN'T STAND ME
NOW, die eindeutig die Hassliebe der beiden Widersacher widerspiegelt,
erreichte Platz zwei in den britischen Charts, die bisher höchste Chart-
position der Libertines.

Das Album THE LIBERTINES, das Pete und Carl in einer klassischen Heroinabhängigen-Pose auf dem Cover zeigte, schaffte es in Großbritannien bis auf Platz eins, und ihre Verkäufe in Amerika hatten sich gegenüber dem ersten Album wenige Tage nach der Veröffentlichung bereits verdoppelt. Es sollte sich aber als falscher Hoffnungsschimmer herausstellen. Doherty begann eine Solotour, und ein Auftritt in Reading einen Tag vor dem Auftritt der Libertines beim Carling-Festival führte wieder zu wilden Spekulationen, dass er zusammen mit der Band auf der großen Bühne auftreten würde. Aber auch hier kam kein gemeinsamer Auftritt zustande.

Als Pete zu Glanzzeiten noch bei seiner alten Band spielte, lösten sie mit ihren Auftritten immer einen Tumult aus, wobei das Publikum jede ihrer rebellischen Gesten begeistert verehrte. Jetzt aber schien es, dass die einzige Möglichkeit für Pete, einen Tumult auszulösen, sein Nichterscheinen war, und es wurde traurigerweise zu der einzigen Sache, in der er wirklich gut war. Die Babyshambles-Tour im Dezember war schockierend. Bei einem Auftritt in Blackpool verließ der Rest der Band verschämt die Bühne, als sie merkten, dass Pete offensichtlich so zugedröhnt war, dass er nicht spielen konnte. Immer häufiger weigerten sich die Plattenfirma und Promoter, die finanzielle Verantwortung für die Auftritte, die abgesagt werden mussten, zu übernehmen, daher überließ man es den Konzertveranstaltern, die wohl fanatischsten Fans in Großbritannien zu beschwichtigen.

Gegen Ende des Jahres befand sich Petes Status irgendwo zwischen dem eines Prominenten und dem Nichts. Es war das Jahr, in dem die Boulevardpresse letztendlich seine Geschichten von den Musikmagazinen übernommen hatte, wobei die Hyänen der Klatschkolumnen - wie zum Beispiel das Magazin 3AM oder Victoria Newton von der SUN - besonders giftig waren. Sein letzter Auftritt in dem Jahr war sein bis dahin größter: Er erschien für zwölf Minuten in der Sendung NEWSNIGHT mit der Moderatorin Kirsty Wark unter dem Motto MUSIC WHEN THE LIGHTS GO OUT. Es war sein erstes großes Fernsehinterview, und dennoch hatte er

eigentlich nichts, wofür er Werbung machen konnte - er konnte einfach nur von seiner Drogenabhängigkeit und seiner gescheiterten Freundschaft mit Barât erzählen. »Ich bin kein Nihilist, ich will nicht sterben«, sagte er beharrlich, wobei er leicht die Begrifflichkeiten durcheinander brachte. Er glaubte wirklich an etwas, er glaubte an Musik, aber so traurig es ist, es drängte sich immer mehr die Erkenntnis auf, dass er keine Musik mehr hatte, über die er sprechen konnte. Stunden nach der Aufzeichnung der Sendung sollte er bei dem bisher größten Auftritt mit Babyshambles im Londoner Astoria auftreten, aber er tauchte dort nicht auf. Am Abend zuvor hatten die Libertines (ohne ihn) ihr letztes Konzert in Paris gespielt und hatten kurz darauf ihre Auflösung angekündigt.

Als das Jahr zu Ende ging - inmitten einer Reihe abgesagter Konzerte und Fans, die trotzdem weiterhin Konzertkarten kauften, und die traurigerweise immer noch dankbar waren -, wurde deutlich, dass Pete Dohertys Weg ein ewiges Auf und Ab sein würde. Eine Operation, um sich den Rauschgiftblocker Naltrexon implantieren zu lassen, sollte dies nicht ändern. Aber sein Leben sollte in eine neue Richtung verlaufen; es sah aus, als ginge es aufwärts.

Andere betrachten es jedoch als die größte Erniedrigung seines Lebens, das zuvor eher gefühlvoll als oberflächlich gewesen war. Pete Doherty sollte zum Spielzeug eines Supermodels werden.

2005: PETE UND KATE MOSS

»Die Party wird die wildeste sein, die Kate jemals gegeben hat. Letztes
Jahr war es schon etwas Besonderes, aber bei dieser wird sie noch einen
Schritt weiter gehen. Jeder wird in Glamrock-Kostümen erscheinen, und
der Alkohol wird die ganze Nacht fließen.« - die SUN kündigt die Party
zu Kate Moss' 31.Geburtstag in der Ausgabe vom 12.Januar 2005 an.

Irgendetwas lässt einen vermuten, dass Peter Doherty nicht der Typ für
Neujahrsvorsätze ist. Trotzdem war es 2005 eine Einladung zu einer
Party, die den Verlauf des Jahres - wenn nicht sogar sein Leben -
bestimmen sollte. Der Januar brachte ihm seine neue Muse. Ein weiteres
»dirty pretty thing«, das er lieben und beschimpfen konnte. Ein Zyniker
könnte jetzt sagen, dass sie sogar schöner als Carl, die Ikone der
Schwulen, war. Der Tag, an dem Pete Kate Moss kennenlernte, sollte sein
Leben auf noch dramatischere Weise verändern als der Tag, an dem er die
Wohnungstür seines Bandkollegen eintrat.

Kate, das Supermodel, hatte es geschafft, ihre Karriere als »Gesicht der
90er« ins 21.Jahrhundert zu führen, um dort angesagter zu sein denn je.
Sie stand immer noch auf der Liste der am besten gekleideten Frauen,
und sie hatte sich von dem elfenhaften Püppchen zu einem künstlerischen
Rock-Chick gewandelt, zu einer Ikone für jüngere Sternchen wie Sienna
Miller. Sie hatte zusammen mit Jefferson Hack, dem Herausgeber eines
trendigen Magazins, ein Kind, aber ihre Beziehung war durch Kates wildes
Partyleben in die Brüche gegangen.

Sie schmiss nicht nur immer mehr ausschweifende Partys in ihrem Haus
in Gloucestershire, bei denen sogar Leute wie die Schauspielerin Sadie
Frost nicht mithalten konnten, sondern man brachte sie auch ständig
in Verbindung mit einigen Figuren des Rock'n'Roll. Aus ihren Tagen mit
Johnny Depp war sie noch mit Oasis befreundet, sie wurde eine gute
Freundin der Drogenlegende Bobby Gillespie von Primal Scream und brachte
sogar seine Karriere als Frontmann in Gefahr, als sie auf einer seiner
Platten trällerte. All das wurde ergänzt durch zahlreiche Auftritte in
Videoclips, von denen ihre Rolle als erotische Tänzerin im Video von
I JUST DON'T KNOW WHAT TO DO WITH MYSELF der White Stripes wohl am
bekanntesten war.

ever / so / late

Further astonishing piffle ox late in the dear dreary Tabloids.
Bugeyles has sold her soul for tuppence and to my slow
dismay speaks slanderous witless nonsense in th
My depression has dragged it...
because much...

swapped
shaped
nind
sleep
wholly
congregat
for the
A one
vengeful
me. n
imagining
it only... met dashes me single out individuals
for fucking up my head & breaking my heart. How
fodder shall appear next press. Ges mark S.
old stich, scoops up the Bills. Each aching morning,
cracked actress washes herself, contains the bed &

Sie mag den Vornamen (und auch eine zeitweilig schwere Drogenabhängigkeit) mit Petes Verflossener, der Sängerin Katie »Bapples« Lewis teilen,
die die Inspiration zu dem Song WHAT KATIE DID war. Aber wahrscheinlich ist die ebenfalls alleinerziehende Mutter Lisa Moorish diejenige
Exfreundin von Doherty, die mit Kate Moss die meisten Gemeinsamkeiten
hat. Mit einem Kind von Liam Gallagher einerseits sowie von Pete Doherty
andererseits hat Lisa dasselbe fatale Faible für verantwortungslose
Rockstars. Der einzige Unterschied besteht darin, dass Kate mit ihrem
achtstelligen Vermögen wahrscheinlich weniger hinter den Unterhaltszahlungen her ist. Für sie ist es wichtig, glamouröse Parties zu veranstalten und das Leben aus vollen Zügen zu genießen.

Kate fand Gefallen an »gefährlichen« Gitarristen. Sie wurde von der
Regenbogenpresse als eine Art Groupie verspottet, als Serge Pizzorno von
Kasabian und auch Alex Kapranos von Franz Ferdinand sie beim Glastonbury-Festival zurückwiesen, als sie beide zu sehr anbaggerte - »die
neue Patsy Kensit« lautete ihr abfälliges Urteil. Daher war es ziemlich
unvermeidlich, dass Peter Doherty letztendlich auf ihrer Gästeliste für
eine kleine Party in den Cotswolds landete.

Miranda, die Frau von Mick Jones, gehört zu Kates engstem Freundes-
kreis - und Mick wurde von Kate gebeten, auf der Party als DJ aus-
zuhelfen, wodurch er den Weg für eine Einladung seines berüchtigten
Schützlings ebnete. Miss Moss wusste, was sie tat. Ihr Musikgeschmack
ist tadellos und gut überlegt, und sie pflegt ihr Wissen über die Londoner Punkszene genauso wie ihr bestes Paar Mukluks (das heißt, bevor
sie zusammen mit der Mode aus der letzten Saison eingelagert wurden).
Daher war es trotz des Aufruhrs in den Boulevardblättern keine große
Überraschung, dass der chaotische Drogenabhängige aus dem Norden Londons im Haus des Supermodels in den Cotswolds auftauchte. Allerdings
war es für 99 Prozent der Bevölkerung sehr wohl eine Überraschung, dass
die beiden tatsächlich nach der Party am nächsten Morgen so etwas wie
eine Einheit bildeten.

Die Ausmaße der Party waren daran zu erkennen, dass das Mittagessen am nächsten Tag in Kates Stammlokal The Swan in Southrop von 35 verkaterten Gästen verschmäht wurde. Kate selbst schaffte es nicht, aus ihrem zugequalmten Zimmer herauszukommen, in dem sie sich mit Doherty eingeschlossen hatte. Dies war jedoch nicht nur eine Affäre, wie sie die Öffentlichkeit wissen ließen. Sie seien »fest zusammen«. Freund und Freundin. Seelenverwandte, so nannte es Pete. »Es ist die beste Woche seit langer Zeit, weil ich wirkliche Liebe gefunden habe«, teilte er fast umgehend der Presse mit. »Ich glaube ihr, wenn sie sagt, dass sie mich liebt, und ich weiß, dass ich es ernst meine, wenn ich sage, dass ich sie liebe.«

Allerdings liegt es an ihm, dass wir die Beziehung der beiden verstehen. Moss bleibt gegenüber der Öffentlichkeit eine der zugeknöpftesten Interviewpartnerinnen. Dies hat den Vorteil, dass man über ihren Intellekt nur Mutmaßungen anstellen kann und verleiht ihr einen mystischen Zauber im Unterschied zu vielen anderen ihrer Kolleginnen - es ist besser, nichts zu sagen und somit möglicherweise für einen Idioten gehalten zu werden, als seinen Mund zu öffnen und jeglichen Zweifel zu beseitigen. Kate hält ihr Image fest in der Hand und besteht auf der Diskretion ihrer Freunde hinsichtlich ihres Privatlebens. Das muss sie auch, damit von der Extravaganz und der Dekadenz ihres ausschweifenden Lebensstils so wenig wie möglich nach außen dringt.

Daher liegt der Gedanke nahe, dass sie die schlechteste Entscheidung ihres Lebens getroffen hatte, indem sie Doherty, der Katastrophen wie ein Magnet anzog, in ihr Leben ließ. Natürlich mussten ihre Promifreunde von Sadie Frost über Jefferson Hack bis zu Bobby Gillespie ihren Senf dazugeben, was von Besorgnis zu regelrechter Ablehnung reichte. Aber wenn überhaupt versteht Kate etwas von Sex, Drogen und Mode, und Doherty deckt all diese Bereiche ab. Manche Supermodels führen diese Vorlieben nach Hollywood, LA, zu den Oscars und zum Kokain. Es ist Petes Glück, dass Kate eine Schwäche für Rock'n'Roll hat. Sie wird in der Öffentlichkeit dadurch eher abgewertet - so wie ein Rock'n'Roller durch, sagen wir, ein Supermodel aufgewertet wird. Wenn doch nur die britische Presse davon überzeugt werden könnte, dass sie das perfekte Paar waren ...

Immerhin waren die Medien an dem Thema interessiert. Das Jahr 2004 war für Kate für ihre Verhältnisse genauso schlecht gewesen, wie 2003 für Pete schlecht gewesen war: Die allgegenwärtige Sienna Miller hatte sich nicht nur den Mann ihrer besten Freundin Sadie Frost unter den Nagel gerissen, sondern auch noch Kates Aussehen kopiert, und in manchen Bereichen war man der Ansicht, sie mache Kate ihren Platz streitig (die Dezemberausgabe der VOGUE hatte Sienna den Titel »Frau des Jahres« verliehen).

Gleichzeitig schien Kates Marktwert zum ersten Mal zu fallen. Sie wurde als schlechtes Vorbild bezeichnet, einerseits wegen ihres hohen Zigarettenkonsums und andererseits wegen ihrer Vorliebe für Hasenfell - Sienna Miller, die als das nächste große Ding gehandelt wurde, wurde dieselbe Vorliebe nachgesehen. Im Juni kamen Gerüchte auf, dass Chanel den Werbevertrag mit Kate Moss im Wert von einer Million Pfund kündigen wollte. Das war noch vor der öffentlichen Demütigung, als sie beim Glastonbury-Festival total abstürzte und (als größte aller Peinlichkeiten) Victoria Beckhams Posten als Gesicht von Rocawear übernahm.

In dem Jahr war ihre Freundschaft zu Sadie Frost in die Brüche gegangen sowie die Beziehung mit Jefferson Hack, dem Vater ihres Kindes, der aus ihrer gemeinsamen Wohnung nach der Feier zu ihrem 30. Geburtstag im vorangegangenen Jahr ausgezogen war. Das Motto für die Party stammte von F. Scott Fitzgeralds Roman »Die Schönen und Verdammten«, und Kate erzählte den neugierigen Journalisten, dass sie sich eher verdammt als schön vorkam. Am Ende des Jahres hieß es in der Zeitung THE INDEPENDENT:

»SIE IST NICHT WIRKLICH VERDAMMT, ABER INTERESSIERT SICH ÜBERHAUPT NOCH IRGENDJEMAND FÜR SIE?«

Nun, ab Januar 2005 interessierten sich die Leute definitiv wieder für sie. Boulevardblätter, Szenemagazine, seriöse Blätter und sogar PRIVATE EYE und der SPECTATOR brachten ausführliche Kommentare zu dem seltsamen Paar. Pete Doherty war jetzt nicht mehr ein Star ohne Produkt - er selbst war sein Produkt und seine Beziehung, und seine Kunst lag dank seiner Drogensucht nur noch darin, alles zu demolieren, was er in die Hände bekam.

Es kein zynischer Angriff auf ihn zu behaupten, dass Pete Dohertys Karriere mittlerweile darin bestand, für seine Beziehung Werbung zu machen. Seit den Interviews bezüglich seiner Drogenprobleme im Jahr zuvor hatte er sein Geld damit verdient, diese Geschichten an die Zeitungen zu verkaufen, um seine Sucht zu finanzieren - das Problem war, dass er irgendwann allen Zeitungen dasselbe Interview gegeben hatte und sich seine Geldquellen erschöpften. Plötzlich tat sich für ihn eine neue Perspektive auf, indem er über seine »wahre Liebe« sprach, seine »Rettung« - und die Fotos dazu konnte man auch gut verkaufen.

Eine der Personen, mit der er einen teuflischen Pakt einging, hieß Max Carlish. Er war ein kriecherischer Idiot, der die Nähe von Prominenten suchte und der eher von Doherty akzeptiert werden als Filmemacher sein wollte. Dieser Typ begleitete Doherty mit einer Kamera und fragte ihn aus, bis Doherty nicht mehr konnte. Dies war eine weitere dieser pseudo-kumpelhaften, oberflächlichen Beziehungen, wobei Doherty zunächst die Machtposition einnahm. Carlish wurde wegen seiner Unterordnung unter Dohertys Egotrips toleriert. Außerdem hatten die beiden eine geschäftliche Beziehung, wobei sie sich die Einnahmen aus Carlishs Nachforschungen teilten.

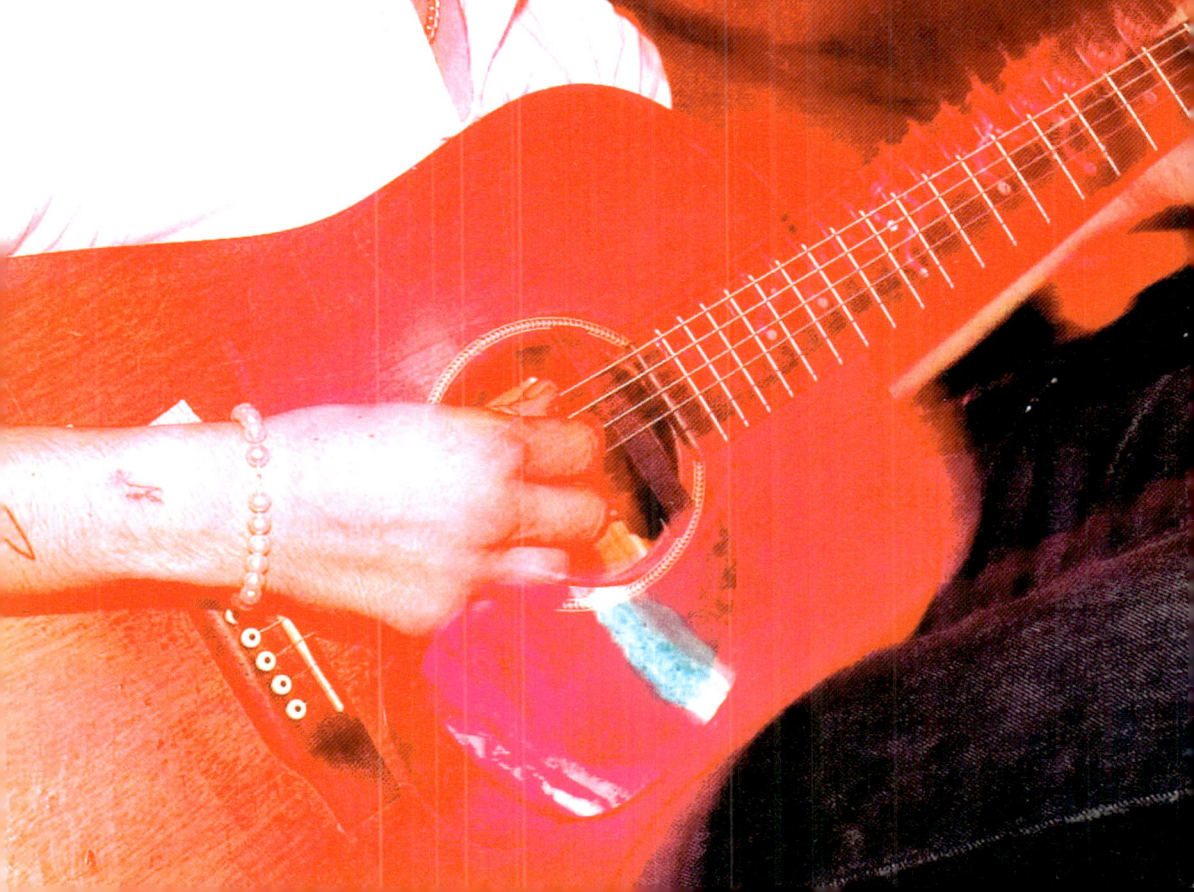
FOR LOV

Die ersten bitteren Früchte aus dieser Partnerschaft wurden am 30. Januar geerntet, als der SUNDAY MIRROR - eine der Zeitungen, die bereits zuvor für ein Interview mit Doherty gezahlt hatten - eine »Exklusivgeschichte« auf der Titelseite mit »privaten Fotos« brachte, die von Carlish geschossen wurden und auf denen der neue Mr. Moss, »der armselige Trottel«, offensichtlich Heroin rauchte. So bekam Carlish seine Belohnung, da sein Idol plötzlich so gewinnbringend geworden war - 30.000 Pfund war diese Geschichte wert, wenn man den Zahlen Glauben schenken kann, weniger natürlich als seine Verpflichtung gegenüber Doherty. »Ich sagte ihm, dass ich ihm gern etwas von dem Geld für den Film geben würde, wenn er es für eine Entziehungskur nutzte und wieder für Aufnahmen ins Studio ging«, sagte Carlish heuchlerisch. »Dann dachte ich: Wie wäre es, wenn wir ihn filmen könnten, wie er in die Klinik geht und die Kur beginnt? Was für einen Film würden wir dann bekommen!«

Carlish verdoppelte seinen Gewinn, indem er die Fotos auch an die NEWS OF THE WORLD verkaufte, die natürlich in einem ihrer berühmten »Artikel« an das Gute in Kate appellierte: »Sieh dir das Bild deines neuen Liebhabers an, wie er Heroin raucht und - um Gottes willen - verlass diesen Junkie.« Das war ein Ausbund an moralischer Doppelzüngigkeit der Zeitung, die Petes Drogenabhängigkeit ausnutzte, aber gleichzeitig ihre Leser glauben ließ, dass Kate, weil sie schön war, auch unschuldig und rein sein musste.

Selbstverständlich war sie wütend, dass die Bilder aufgetaucht waren - aber nicht, weil ihr die Augen bezüglich des nicht wirklich geheimen Drogenproblems ihres Freundes geöffnet wurden, im Gegenteil schien die Sucht eher einen Teil der Anziehungskraft zwischen beiden auszumachen. Was sie störte, war die wenig vertrauenswürdige Natur der Gefolgschaft Dohertys, und das galt wahrscheinlich auch für ihren neuen Freund, den sie selbst kaum kannte. Um seine Spuren im Zusammenhang mit den Bildern zu verwischen und aus Verzweiflung, die Frau nicht zu verlieren, die er liebte,

tat Pete zwei Dinge. Zuerst bestritt er alle Vorwürfe, mit der Veröffentlichung der Fotos zu tun zu haben. Dann ging er zu Max Carlish und »konfrontierte« ihn mit dieser Angelegenheit - angeblich raubte er ihn bei dieser Gelegenheit auch gleich aus, wahrscheinlich als Ausgleich für das Geld, das Carlish ihm seiner Meinung nach schuldete. Ohne Film, ohne Freund und ohne Geld ging Carlish zum Angriff über.

Dies brachte Peter Doherty wieder auf die Anklagebank, und diesmal verbrachte er vier Nächte im Gefängnis in Pentonville. Rough Trade druckste herum, stellte aber letztendlich die beträchtliche Summe von 150.000 Pfund, um ihn wieder einmal aus dem Gefängnis zu holen. Der Entzug war immer noch eine Bedingung, und dieses Mal sollte die Plattenfirma nicht dafür geradestehen. Wie sollte nun diese Rechnung bezahlt werden, wenn man bedenkt, dass Dohertys eigene Schulden bereits doppelt so hoch waren? Natürlich auf dieselbe Art, wie er bisher alle seine Rechnungen bezahlt hatte: Er ging direkt vom Knast zu einem Treffen mit SUN-Reporter Sean Hamilton (nur einer der vielen Reporter, die behaupteten, ihn »am besten zu kennen«), bei dem er gleich ein weiteres Interview gab und versprach, »clean zu bleiben«, wenn nicht ihm zuliebe, dann für seinen Engel Kate. Am Ende des Berichts erschien folgende Erklärung: »Pete Doherty hat kein Honorar für dieses Interview erhalten, aber die Sun hat die Rechnung für eine Entzugsklinik in Höhe von 12.000 Pfund übernommen, um ihm bei der Bekämpfung seiner Abhängigkeit zu helfen - und um Tausende von jungen Musikfans auf die Gefahren von Drogen hinzuweisen.«

Also waren jetzt alle zufrieden. Doherty erfüllte die Bedingungen, die man ihm für seine Freilassung auf Kaution auferlegt hatte. Die SUN bekam ihre Exklusivstory sowie die Gelegenheit, sich moralisch überlegen vorzukommen - nachdem sie ein Jahr lang eine Person verherrlicht hatten, die seelische Qualen auszustehen hatte. Rough Trade musste ausnahmsweise mal nicht die Rechnungen übernehmen. Jeder war nun wirklich glücklich - außer Kate Moss.

Dieses Trauma löste die erste Trennung aus und folglich eine nicht endende Reihe von »Werden sie oder werden sie nicht«-Geschichten über Pete und Kate, die an die glorreichen Tage der Libertines erinnerten. Ohne dass Kate Moss überhaupt ein Wort über dieses Thema verlor, wussten die Öffentlichkeit irgendwie immer darüber Bescheid, wenn sie die Nase voll hatte, und dann taten die Zeitungen jedes Mal so, als wären sie überrascht, wenn beide wieder zusammen fotografiert wurden. All das konnte jeden Tag eine ganze Seite einer Boulevardzeitung über ein Jahr lang füllen und tat es auch, aber nichts davon war Petes Produktivität oder seiner psychischen Stabilität förderlich. Was Carlish betraf, hatte er mit dem Material, das er für eine ernsthafte Dokumentation gesammelt hatte, bei verschiedenen Produktionsfirmen keinen Erfolg.

Der Fernsehsender CHANNEL 4 sah hingegen das Potenzial, das in allem steckte, was mit Doherty zu tun hatte, und daher schaffte man es dort, eine Sendung mit dem Titel STALKING PETE DOHERTY (dt.: Auf der Jagd nach Pete Doherty) zusammenzuschustern: Ein tragisch-komischer Blick auf das bemitleidenswerte Leben des Möchtegern-Filmmachers selbst, der für immer Schulden bei dem Mann haben würde, dessen Leben er zu dokumentieren versuchte. »Ich merkte, wie smart er einfach war«, schwärmte Carlish. »Er reimte das Wort ›green‹ mit ›spleen‹ und wusste sogar Bescheid über die mittelalterliche Bedeutung des Wortes ›spleen‹.« Carlish versuchte auch, gemeinsam mit Pete wie der legendäre Happy Mondays-Tänzer Bez, nur in dick und mit Birmingham-Akzent, auf der Bühne zu stehen und nervte seine Zuschauer, indem er diese Erfahrung mit einem »beiderseitigem Orgasmus« verglich.

Manche Zyniker behaupten, dass Dohertys Pressesprecher und Manager James Mullord sogar eine echte Filmcrew angeheuert hatte, um Carlish zu begleiten, wie er sein eigenes erfolgloses Projekt verfolgte. So oder so, Carlish hatte seine Glaubwürdigkeit verspielt, und während wir niemals etwas wirklich Neues über Pete erfuhren, stand Doherty im Vergleich wenigstens viel besser da als Carlish. Alle Anklagen gegen ihn wurden im April 2005 fallengelassen.

In dieser Zeit schafften Babyshambles es sogar auch, eine Top Ten-Single herauszubringen: das einfache, aber unvergessliche »Killamangiro«. Der Refrain beinhaltete ein für Doherty typisches Wortspiel, und der Song drehte sich um das wunderbare Thema des Lotterlebens. Er schien uns wieder das außergewöhnliche Talent für Songs und Texte ins Gedächtnis zu rufen, das uns in erster Linie an Pete fasziniert hatte.

Trotzdem war nicht jeder beeindruckt. Zum Beispiel Liam Gallagher, der, obwohl seine Band Oasis Babyshambles als Vorgruppe engagierte, öffentlich an Dohertys Verantwortung gegenüber seinem Baby Astille zweifelte – und sich zudem beschwerte, dass Gallagher selbst darauf sitzen blieb, die Unterhaltszahlungen für Lisa Moorish zu leisten. Dohertys Exfreundin Katie Bapples war auch nicht begeistert, als Pete eine Kopie des Textes von »ihrem« Song WHAT KATIE DID als ein Liebesandenken an seine neue »Katie« übergab. Das hieß aber nicht, dass er sich geschickter anstellte, letztere Katie an sich zu binden.

Die erste Trennung wurde der Welt am Valentinstag 2005 verkündet, als die junge Romanze nicht einmal einen Monat alt war. Moss war wütend, als zum ersten Mal unscharfe Fotos von ihr in die Hände der SUN gelangten, die mit Dohertys eigenem Handy aufgenommen worden waren. Er behauptete später, dass ein Freund ihm sein Handy gezockt hatte und die Fotos hinter seinem Rücken verkauft hatte – aber Englands meistgeliebtes Boulevardblatt bestand darauf, dass Doherty sich mit einem ihrer Reporter in der Entzugsklinik getroffen hatte und sogar »zärtliche SMS-Nachrichten« gezeigt hatte, die Doherty mit seiner Liebsten ausgetauscht hatte. Pete hoffte, dass er sich die SUN und auch Kate Moss warm halten konnte, daher log der suchtkranke junge Mann beide an.

Pete für seinen Teil war aufgebracht, dass Kate ihm diesen Schmerz in einer so wichtigen Phase seines Entziehungsprogramms zufügte, und das auch noch wegen etwas so Unbedeutendem wie der Kontrolle ihres öffentlichen Erscheinungsbildes. Vielleicht hatte er noch nicht bemerkt, wie wichtig so etwas in ihrem Beruf war.

Da Kate ihre eigenen Erfahrungen mit »falschen Darstellungen« in der Regenbogenpresse gemacht hatte, neigte sie mehr als andere dazu, mit den Opfern zu sympathisieren oder ihnen zu vergeben. Die meisten Kolleginnen hatten mehrere Hühnchen mit der Klatschpresse zu rupfen, wie etwa Naomi Campbell oder Sophie Anderton - tatsächlich hielt sich bei der Letzteren, nachdem sie tränenreich (wenn auch von den Zeitungen gut bezahlt) zugegeben hatte, dass sie erfolgreich als Prostituierte gearbeitet hatte, hartnäckig das Gerücht über einen Supermodel-Callgirl-Service für 20.000 Pfund die Nacht. Während Kate es nicht nötig gehabt hätte, sich auf solch ein niedriges Niveau herabzulassen, schien es wenig mit den Handjobs für zwanzig Pfund gemeinsam zu haben, die Pete nach eigenen Aussagen älteren Damen in Camden vier Jahre zuvor beschert hatte.

Am Ende des Monats wurden sie wieder zusammen gesehen, nach einer Nacht voller Leidenschaft, wie es die Klatschzeitungen gerne ausdrückten. »Ich weiß, dass die Leute sagen, dass er nicht gut für mich ist, aber ich kann nichts dagegen tun«, wurde Moss im SUNDAY MIRROR zitiert. »Er hat einfach irgendetwas an sich. Ich kehre immer wieder zu ihm zurück.« Sie entdeckte, was Pete Dohertys leidende Fans und Bandkollegen seit Jahren fühlen.

Jedoch stimmten nicht alle Zeitungen dieser Interpretation von Ereignissen zu. Andere behaupteten den ganzen März hindurch, dass sie und Doherty immer noch getrennt wären und nannten eine eifersüchtige Konfrontation während eines Trinkgelages in Belsize Park als Gegenbeispiel, bei dem Kate sich zusammen mit dem Schauspieler Rhys Ifans die Kante gab. Victoria Newton war überzeugt, dass Pete nicht zu diesen super Prominenten gehörte, und behauptete in ihrer Kolumne im Magazin BIZARRE, dass

Pete damit begonnen habe, Kate wie ein Hündchen zu folgen, wie es Max Carlish einst bei ihm getan hatte. »Bitte, Kate, ich will doch nur mit dir reden«, soll er angeblich gesagt haben. Während sie ihn nur anschrie: »Hau einfach ab und lass mich in Ruhe, ich hab' die Schnauze voll.«

Dies alles befriedigte den schlimmsten Neid von frustrierten Ehemännern, Teenie-Bloggern und Boulevardzeitungslesern, da sie alle davon überzeugt waren, dass es eine himmelschreiende Ungerechtigkeit war, dass dieser verlauste Drogenabhängige mit einer der schönsten Frauen der Welt zusammen war, während sie selbst von dieser Frau nur träumen konnten. Kate, die Pete jede Woche wieder aufs Neue verließ, schien die natürliche Ordnung wieder herzustellen – auch wenn es in Wahrheit eine fortlaufende, andauernd stürmische Beziehung war.

Der April brachte dann plötzlich eine fast komische Wendung, als das Gerede über eine gänzliche Trennung sofort von Hochzeitsgerüchten abgelöst wurde, nachdem man Kate mit einem goldenen Fingerring gesehen hatte (oder in anderen Worten gesagt: »Model trägt schockierenden Schmuck«). Im Juni wurde es dann »offiziell« gemacht mit einer Spaßzeremonie beim Glastonbury-Festival, wo die berüchtigte Kapelle mit dem Titel »Love and Loathing in Lost Vagueness« ein äußerst passendes Ambiente für ein Hippie-Eheritual bot. Sogar der potenzielle Liebesrivale Serge Pizzorno von Kasabian gab dem Paar seinen Segen, indem er sagte: »Pete Doherty, der arme Junge, wird sie heiraten. Ich kann ihm dazu nur viel Glück wünschen. Er kann sie haben. Weil ich sonst denke, dass sie für den Rest ihres Lebens nach einem Mann suchen wird.« Kurz darauf war es dann wieder vorbei, weil Pete in eine Prügelei vor einer Konzerthalle verwickelt war, am nächsten Tag waren sie wieder zusammen, weil man ihn gesehen hatte, wie er in einem Sexshop verführerische Unterwäsche kaufte. Pete Doherty, das größte Talent der britischen Musikszene, die wichtigste Stimme einer Generation, war durch die Drogensucht nicht mehr er selbst, sondern ein Spielzeug in den Händen der Boulevardpresse, die seine Krankheit schamlos ausnutzte.

Pete spielte außerdem den Ehemann einer Klamottenbesessenen, und deswegen wurden Babyshambles nicht mehr ernst genommen. Er erhielt Rezensionen in Medien, in denen normalerweise kein Platz für Gitarrenorientierte Live-Acts war, wie zum Beispiel in den Magazinen TATLER und BIZARRE - und niemand von denen konnte die Relevanz eines Auftritts verstehen, bei dem ein Künstler verspätet erschien, dessen Gesang man nicht verstehen konnte und bei dem die verschwitzten Betrunkenen auf der Bühne sich in ihrer Bekleidung nicht vom Publikum unterschieden. Als Resultat bestanden all die Berichte über ihn und seine Musik immer nur aus denselben Wortspielen, indem sie das Wort »shambles« aufgriffen und ihn dafür verspotteten, dass er »versuchte, ein Rebell zu sein« (danke an dieser Stelle an das Magazin 3AM für diese Erkenntnis). Wenn die großen Publikationen sich dazu herabließen, ihn in einen musikalischen Kontext zu bringen, dann wurde er gewöhnlich als »Ex-Frontmann der Libertines« bezeichnet, nicht als Frontmann seiner eigenen Band. Die frustrierte Schlagzeugerin Gemma Clarke hatte diese Entwicklung kommen sehen und stieg im selben Monat aus, als Kate Moss in das Leben der Band trat.

Es sah danach aus, als hätte Doherty sich mit den falschen Leuten eingelassen. War Kate für ihn zuerst eine neue Inspiration für einen kreativen Schub gewesen, so war sie bereits im Sommer der Grund dafür, dass seine Kreativität stagnierte.

Im Mai stand ein Auftritt als Support-Act für Oasis in Paris an, der größte in der seltsamen Geschichte von Babyshambles, der jedoch abgesagt wurde, nachdem Pete und Kate sich wegen Eifersüchteleien im Zug gestritten hatten. Die Geschichte wiederholte sich beim Oya-Festival in Norwegen, als die Band erst nicht auftreten konnte, weil ihr Sänger ausgiebig am Osloer Flughafen durchsucht wurde. Der Grund dafür waren Petes 1,7 Gramm Kokain und 1,5 Gramm Heroin, die er einschmuggeln wollte, um die Tatsache zu »feiern«, dass er und Kate wieder zusammen waren. Als er es dann letztendlich schaffte, auf die Bühne zu kommen, kotzte er bei der Gelegenheit erst einmal den Fans im Moshpit vor die Füße.

Aber der Tiefpunkt des Sommers war wahrscheinlich Petes Auftritt bei LIVE 8 mit Elton John, welcher ihn als ein »enormes neues Talent« ankündigte, dies später aber revidierte, indem er sagte: »Wenigstens sah er gut aus.« Fairerweise muss dazu gesagt werden, dass Dohertys schiefe Wiedergabe des Glamrock-Klassikers CHILDREN OF THE REVOLUTION von T-Rex nicht der peinlichste Auftritt des Nachmittags war - diese Ehre geht an Madonna, die ihre Band anstimmte, während die Äthiopierin Birhan Weldu, die durch die Hilfe von LIVE AID vor dem Hungertod gerettet worden war, immer noch hilflos auf der Bühne stand. Nach der Veranstaltung stiegen die Plattenverkäufe von JEDEM Künstler nach der Übertragung an - außer denen von Doherty. Die Platten von Babyshambles waren nicht einmal erhältlich, und die beiden Alben der Libertines rutschten weiter die Charts hinunter. Die rekordbrechenden Zuschauerzahlen bedeuteten, dass einem ganz neuen Ausschnitt der Bevölkerung dieser wankende Betrunkene vorgestellt wurde, der keinen Ton traf und durch eine durchgeweichte Zigarette sang, während ein Nationalheiligtum namens Elton John dadurch gedemütigt wurde, diesen Typen am Piano zu begleiten. Wie hätte Pete es noch schlimmer machen können? Einzig dadurch, Veranstalter »Saint Bob« selbst zu beleidigen: Doherty behauptete, dass er nur aus dem Grund schlecht gesungen habe, weil Geldofs kleine Tochter Peaches vor seinem Auftritt versucht habe, ihn anzubaggern. Pete hatte den Bogen mal wieder eindeutig überspannt und musste kurz darauf zurücknehmen, was er gesagt hatte.

Ende Juli musste er sich wieder entschuldigen, dieses Mal bei einer Journalistin der Zeitung THE MIRROR. Die 24-jährige Laurie Hannah kaufte Doherty einen Drink, erhielt aber einen Schlag ins Gesicht, als der Gitarrist merkte, für wen sie arbeitete. »Wie werde ich von deiner Zeitung genannt – beschissener Junkie-Abschaum?«, fragte er die benommene Reporterin. Es wurde deutlich, dass der faustische Pakt, den er mit seinen natürlichsten Feinden geschlossen hatte, ihm immer mehr Probleme bereitete, nicht nur, weil er die Presse als schlechten Einfluss auf seine Beziehung mit Moss ansah. Seine Nervosität lag in erster Linie daran, dass er und seine Muse zu diesem Zeitpunkt eine schwierige Phase durchmachten.

Alles ging schief: Da waren nicht nur seine desaströsen Auftritte und der Selbsthass, es war vor allem seine Muse, die sich ihm entzog. Seit seiner Entlassung auf Kaution im Februar war Pete ständig im Studio, um das Debütalbum von Babyshambles aufzunehmen, aber er kam einfach nicht in die Nähe eines fertigen Produkts. Er hatte viel zu wenig Songs für das Album, sodass sogar eine überarbeitete Version von WHAT KATIE DID – die Moss-Version – von einem Insiderwitz zu einem ernsthaften Albumanwärter wurde, obwohl das Original vor nicht einmal einem Jahr veröffentlich worden war.

Die Fertigstellung des Albums dauerte so lange, dass die Buchmacher Wetten anboten, ob es wirklich zum angekündigten Termin herauskommen würde (der erst einmal auf Oktober 2005 verschoben wurde). Noch schlimmer war, dass von einem gewissen Möchtegern-»Rockchick« die Rede war, das einen bestimmten Gesangspart auf der Platte übernehmen sollte; aber Alan McGee hatte bereits (auch in Anlehnung an Moss) Folgendes erkannt: »Models auf Platten funktionieren nicht.« Rough Trade verkündete dennoch unbekümmert, dass alles nach Plan verlaufe, trotz einiger Gerüchte, die bezüglich der Qualität und des Umfangs des Albums kursierten.

Im August schafften Babyshambles es dann, eine zweite reguläre Single zu veröffentlichen. Obwohl Pete mit FUCK FOREVER keine neuen Fans gewinnen konnte, wandelte die Single insofern in den Fußstapfen von WHAT A WASTER, als dass der Song – wenn auch stark zensiert – trotz der deutlichen Sprache im Radio gespielt wurde. Er hatte einen Sommer mit fast konstant schlechter Publicity hinter sich und war jetzt wieder in den Top Ten. Und um dies zu feiern, sollte er schon bald – meist mit anderen Musikern – um Kate Moss kämpfen.

Kate Moss wurde in der Presse mit Mitgliedern von The Bravery und Bodyrockers in Zusammenhang gebracht - für jemanden, von dem man annahm, einigermaßen guten Geschmack zu haben, muss es wie eine beabsichtigte Beleidigung gewesen sein. Im selben Monat beging Pete Brandstiftung in seiner Wohnung, was allgemein als Hilferuf betrachtet wurde.

Pete ließ sich selbst auf Grund laufen und versuchte damit, einem Model zu gefallen, die von einer wunderschönen Muse zum Klotz am Bein wurde. Sie war diejenige, die IHN zurückhielt, eine neue Platte fertigzustellen - wenn es doch nur die Zeitungen auch so sehen würden.

Für Moss ging die ganze Sache nach hinten los, als der MIRROR am 15. September eine weltexklusive Geschichte unter der Überschrift »KOKAIN-KATE« brachte. Einer von Petes unternehmerischen Kumpeln hatte unbemerkt eine nächtliche Studiosession gefilmt, bei der man Moss selbst sehen kann, wie sie sich auf ihren schönen langen Beinen eine Koksline nach der anderen in die Nase zieht. Die unscharfen Bilder lösten einen Skandal aus, jedoch war es keine Überraschung, weder für die Redakteure noch für ihre Eltern, die einstimmig die Schuld bei ihrem chaotischen Gefährten suchten.

Niemand konnte ernsthaft bezweifeln, dass Kate Moss an Kokain Gefallen fand, oder dass es sie morgens auf die Beine brachte und ihr half, ihren Appetit zu kontrollieren. Vor allem nicht die Schreiberlinge der Klatschblätter, die selbst Kokain nehmen, um nachts wach zu bleiben, um ihre Abgabetermine einhalten zu können; aber nun konnten sie sich dafür rächen, dass Kate ihnen per Gerichtsbeschluss verboten hatte, eine Geschichte über ihren Konsum von harten Drogen zu bringen. Die Zeitungen konzentrierten sich auf Kate und präsentierten sie als Lügnerin und Heuchlerin, nachdem sie selbst das Model zuvor als hilfloses Opfer Dohertys dargestellt hatten. »Ich nehme keine harten Drogen, vor allem kein Heroin«, hatte sie (vor ungefähr sieben Jahren) gegenüber CHANNEL 4 geäußert. »Ich habe gesehen, was es den Menschen antut.« Am darauffolgenden Sonntag enthüllte die NEWS OF THE WORLD, dass sie mit verschiedenen Freunden flotte Dreier gehabt hätte, vorzugsweise mit ihren Freundinnen ... und manchmal war auch Jude Law dabei.

Während das bürgerliche England den Verlust einer reinen Seele beklagte, dürften die Fans von Babyshambles mit Bestürzung die andere glücklose Seite der Geschichte festgestellt haben: Es war Mitte September, und das Album war immer noch nicht so weit, dass es abgemischt werden konnte. Die Bilder, die die Musikliebhaber am meisten beunruhigten, waren nicht die eines Supergroupies, die sich die Koks durch die Nase zog: Es waren die Bilder von Kate, wie sie kichernd mit ihrem ruderlosen Künstler-Gigolo am Mischpult saß und dabei half, die Regler zu betätigen und in den kreativen Prozess einzugreifen.

Die Fans beklagten die Tatsache, dass die Produktion eines Albums, auf das sie ein ganzes Jahr gewartet hatten - und für das sie sterben würden, um nur einen kurzen Ausschnitt daraus zu hören -, als Hobbybeschäftigung für eine verwöhnte Primadonna diente, die einen Kokainverbrauch im Wert von zweihundert britischen Pfund pro Tag hatte. »Ich habe es bisher noch nicht gehört«, wurde sie zitiert. Und so erging es im Herbst 2005 auch allen anderen.

BABYSHAMBLES AFTERSHOW PARTY
TONIGHT AT THE LUX CLUB
7pm Tues 20th July
barfly
AAA
Mind blowing
sea

Was die Libertines betrifft, ist ihre Geschichte noch nicht am Ende angelangt. Ein Film über ihr Leben steht momentan zur Debatte, und in der Zwischenzeit soll ein kurzer Film über einen ihrer Guerilla-Auftritte in den Albion Rooms während des Sundance Festivals gezeigt werden. Alan McGee, der gesagt haben soll, dass sie momentan die wichtigste Band der Welt seien, vermutete, dass die Band – sollte die originale Besetzung wieder zusammenfinden – drei Millionen Alben verkaufen würde. Aber Petes Sicht hatte die Sucht vernebelt – deswegen hielt er es für wichtiger, Kate an seiner Seite zu halten.

Zuerst hielt sie es weiter mit ihm aus, und sie zogen gemeinsam durch New York, wobei sie den sabbernden Journalisten den Stinkefinger zeigten. Jedoch können nicht einmal Liebe und Kokain kombiniert die Ansprüche eines Models, das zehn Millionen Pfund im Jahr verdient, erfüllen. Die Rechtsanwälte, Agenten, Berater, Gefolgsmänner und verschiedenen Psychotanten sowie die gekündigten Modelverträge ließen Kate klar sehen ... Sie verließ Pete und begann in Arizona eine Entziehungskur.

Petes sonderbare Position als Londons bekanntester Junkie bedeutete, dass er sich die Schulter aussuchen konnte, an der er sich ausheulen konnte. In diesem Falle war es seine Lieblingsnachrichtensprecherin Kirsty Wark von der BBC, und das Forum war wieder einmal die Sendung NEWSNIGHT. »Ich werde Kate für immer lieben«, teilte er der Nation am 23. Dezember mit. »Aber solange ich in irgendeiner Weise mit Crack oder Heroin in Verbindung stehe, oder wenn mein Leben sich in irgendeiner Weise um diese Drogen dreht, kann ich nicht Teil ihres Lebens sein.«

Wenn er nachträglich versuchte, die Karriere von Moss zu beschützen, dann leistete er gute Arbeit (Kokain ließ er in seiner Aufzählung aus). Aber Kate wollte nichts riskieren und hatte schlauerweise britischen Boden seit der Veröffentlichung der Geschichte nicht mehr betreten – um von Pete wie von der Polizei fernzubleiben. Sie ließ sogar ihre Familie ausfliegen, damit diese ihr in den USA über die Weihnachtsfeiertage Gesellschaft leisten konnte. Sie wollte nicht riskieren, sich in demselben Land aufzuhalten wie ihr früherer Lover.

Diese Verfahrensweise funktionierte für Kate Moss wahrscheinlich sehr gut (besonders, als sie eine öffentliche Entschuldigung an die Leute herausgab, die sie im Stich gelassen hatte): Ein Sponsor nach dem anderen kehrte zu ihr zurück, und alle erinnerten sich daran, dass Produkte und Publicity allgemein sehr gut zusammenpassten. Aber für Pete war die Beziehung ein persönliches und berufliches Desaster. Die Auswirkungen auf seinen geistigen Zustand waren deutlich sichtbar, aber der musikalische Absturz ist dennoch trauriger. Während eine kleine Kontroverse einem Punkrocker nicht viel Schaden zufügt, waren in diesem Falle die menschlichen Ausmaße der Geschichte so groß, dass das lang erwartete Album von Babyshambles zu einer Fußnote verkam. All dieser »Quatsch«, wie Pete es selbst ausdrückte, zeigte, dass »Pete und Kate« immer noch interessanter waren als »Pete und die Band«.

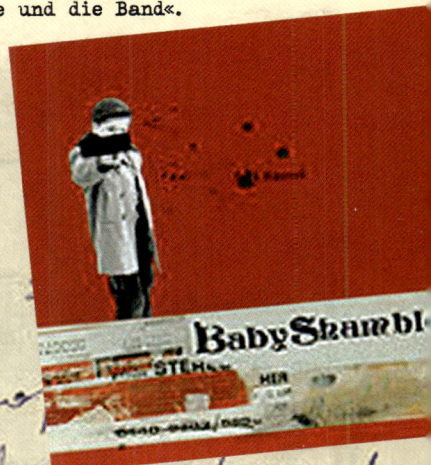

Hinzu kommt, dass die Band nicht gerade aus den Leuten besteht, mit denen man herumhängen sollte, wenn man versucht, von den Drogen wegzukommen. Während sein früherer Bandkollege Carl eine neue Band namens Dirty Pretty Things aus altbekannten Gesichtern zusammenschusterte, bestand Babyshambles aus Leuten aus Petes Camden-Bagage - dieser Schlag von Menschen, vor denen einen der Bewährungshelfer und sogar der persönliche Drogendealer warnen würde. Um sie schart sich eine endlose Menge Speichellecker und Trittbrettfahrer. Ein Tour-Insider berichtete dem MIRROR Folgendes: »Sie sind ein Haufen von Junkie-Nichtskönnern. Die Band selbst ist großartig, aber einige der Typen, die mit ihnen herumhängen, sind Wichser.«

Das Album DOWN IN ALBION selbst bekam gemischte Rezensionen, als es letztendlich irgendwann im Schatten des Supermodel-skandals erschien. Der Konsens schien Folgender zu sein: einige gute Songs, aber eine Menge Füllmaterial. Die einzigen Songs, die aus dem neuen Material und einer Menge von recycelten Demos sowie scheinbar unfertigen Stücken hervorstachen, waren der Titelsong, der auch für einen Brit-Award nominiert wurde, und das witzige Stück LA BELLE ET LA BÊTE.

Ähnlich erfolgreich verlief auch die neue Tour der Band. Die renommierte Zeitung NEWCASTLE JOURNAL kommentierte dies wie folgt: »Es gibt nicht viele, die es schaffen, zweitausend Leute zu einem Konzert zu bewegen mit dem Versprechen, dass die Band wirklich auftreten wird. Willkommen in der Welt von Pete Doherty, Leute ... das ist die Realität, wenn man eine Karte für ein Babyshambles-Konzert kauft.«

Abgesehen vom exzessiven Drogenkonsum war die Tour ständig bedroht von Petes Verhaftungen und Gerichtsterminen. In der Zeit zwischen Dezember 2005 und Februar 2006 sollte er durchschnittlich einmal in der Woche eine Polizeizelle oder einen Gerichtssaal besuchen. Die Anklagen betrafen Körperverletzung und Drogen - wobei Drogen immer der gemeinsame Nenner waren. Zweimal wurde er angeklagt, weil er vor

Weihnachten unter Drogeneinfluss am Steuer seines Wagens erwischt worden war; im Februar verbrachte er 13 Tage im Gefängnis in Pentonville; und besonders komisch war es, als er im vorherigen Monat an nur einem Tag dreimal verhaftet wurde. Fast jede allgemein bekannte Droge wurde in diesem Winter bei ihm gefunden: Kokain, Heroin, Crack, Morphin und Gras. Er sagte bereits frech zur Polizei: »Wenn ihr mein Auto untersucht, dann bin ich im Arsch«, sodass sein goldener Jaguar ein vorrangiges Ziel von Kontrollen wurde.

Diese verlorenen Wochen brachten wenigstens einige klassische Pete-Momente hervor. Im Januar zeigte er zum Beispiel einem Richter den Stinkefinger. Dann, fünf Wochen später, wurde ihm von einem anderen Richter gesagt, dass er »sich ganz gut machte« - obwohl er zwischenzeitlich wieder gegen das Gesetz verstoßen hatte und positiv auf Drogen getestet worden war. Als er beim Verlassen des Gerichts gefragt wurde, ob er immer noch auf Drogen sei, antwortete Pete: »Was ist das denn für eine Frage so früh an einem Dienstagmorgen?«
... es war Mittwoch.

Aber dieses Herumalbern half ihm nicht, sich seinen Platz zwischen den musikalischen Größen zu sichern. Bei den NME Awards 2006 bekam er nur die Trophäe in der Kategorie »Sexiest Male« - eine Auszeichnung, die die konservative Presse ohne Ende amüsierte, aber die dazu diente, Petes mittlerweile bekannte Rolle als Modeikone und nicht als Poet und Songwriter zu unterstreichen.

Während die neuen Lieblinge der Musikpresse, die Arctic Monkeys, alle übertrumpften, kommentierte NME.COM das schwache Auftreten von Petes Band nur als den »Geist der vergangenen Weihnacht« und beschrieb ihn kühl als den »letztes Jahr angesagten Pete Doherty«. Und während das Gefängnis die Inspiration für Johnny Cashs beste Platten gewesen sein mag, war alles, was Pete aus Pentonville mitnahm, ein trauriges Liedchen mit folgendem Text: »I see my true love / On a Rimmel advert«, zu den Tönen von Louis Armstrongs WHAT A WONDERFUL WORLD.

Auch im neuen Jahr gelang es Pete nicht, seine Drogensucht zu überwinden. Er setzte seine Eskapaden fort, indem er zum Beispiel im Mai ein Konzert von Babyshambles in Köln ausfallen ließ, weil er angeblich seinen Flug verpasst hatte. Beim nächsten Konzert in Berlin ließ er mit derselben Ausrede sein Publikum mehrere Stunden warten, bis er schließlich um ein Uhr nachts die Bühne betrat. Bei einem Interview mit MTV Deutschland bespritzte er eine laufende Kamera mit seinem eigenen Blut aus einer Spritze.

Dennoch gab es im Jahr 2006 einiges, für das Pete dankbar sein dürfte, zum Beispiel, dass sein Lieblingsclub Queen Park Rangers den Abstieg verhindern konnte. Pete ließ sich zudem neue Rauschmittelblocker in seinem Körper einsetzen und kann sich über das britische Justizsystem freuen, das das ihm eine lange Freiheitsstrafe erspart hat. Stattdessen ist er verpflichtet, regelmäßige Drogenkontrollen zu machen. Ende des Jahres wird eine Coverversion des Clash-Klassikers JANIE JONES auf einem Benefizalbum veröffentlicht, auf dem Pete sogar zusammen mit seinem alten Bandkumpel Carl zu hören ist. Der Plattenvertrag mit Rough Trade lief zwar 2006 aus, aber Pete und seine Band Babyshambles brauchen sich um ihre Zukunft erst einmal keine Sorgen zu machen: Laut NME haben sie beim Majorlabel EMI PARLOPHONE einen neuen Deal unterzeichnet.

Besonders verwunderlich ist, dass er immer noch am Leben ist. Und als er »Ich liebe Kate für immer« mit einem Edding auf die Windschutzscheibe seines Jaguars schrieb, kamen die unvermeidlichen Gerüchte auf: dass er auf dem Weg zur wieder auf den rechten Weg geführten Kate Moss sei und zu ihrem Versteck in Gloucestershire fahren wollte - wenn ihn die Polizei denn fahren ließ. Scheinbar können Pete und Kate nicht von einander lassen. Im Laufe des Jahres tauchten vermehrt Berichte über eine geplante Hochzeit auf, wobei der erste Versuch der beiden, auf Bali zu heiraten, gescheitert sein soll, da Pete aufgrund seiner gerichtlichen Auflagen nicht ausreisen durfte. Jedoch verdichten sich die Gerüchte über einen neuen Versuch - der dieses Mal in Großbritannien stattfinden soll. Laut aktuellen Berichten ist Kate angeblich von Pete schwanger und es heißt, die beiden hätten schon das legendäre Westminster Register Office zum Trauungsort ausgesucht.

Wenn es stimmen sollte, bleibt es jedoch mehr als fraglich, ob Pete die Rolle des fürsorglichen Familienvaters und Ehemanns jemals für sich annehmen wird. Ob Pete und Kate wirklich ein glückliches Paar werden oder nicht sei erstmal dahingestellt. Seine Fans hoffen in erster Linie nach wie vor darauf, dass er seine Drogensucht überwindet und dass er zu seinen alten Stärken und Talenten zurückfindet: als Dichter, Songwriter und Frontmann, ob mit seinem alten Freund Carl bei den Libertines, mit den Babyshambles oder in einer neuen Band.

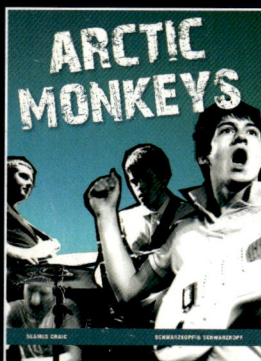

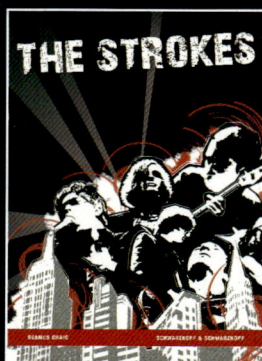

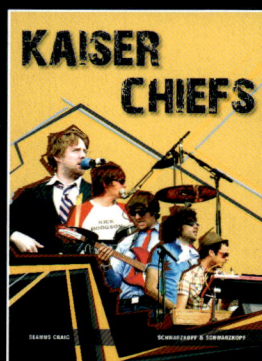

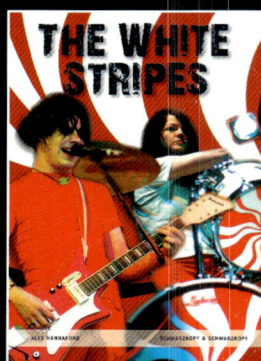

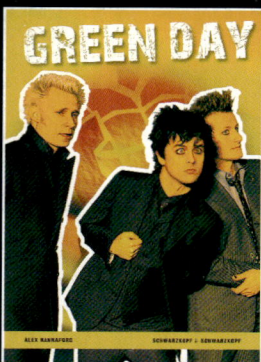

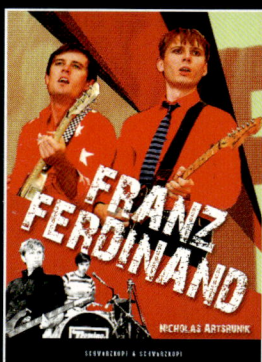

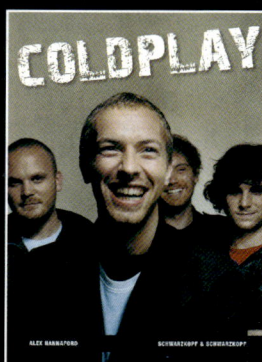

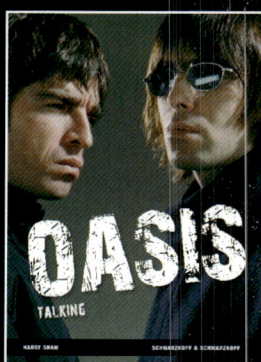

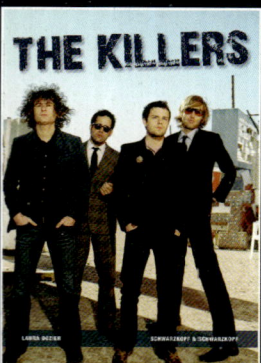

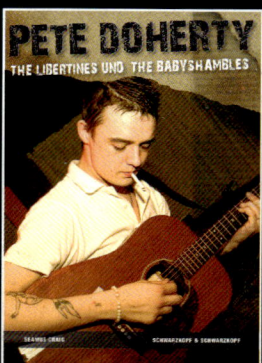

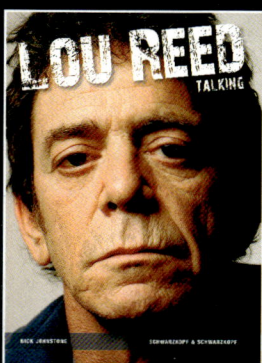

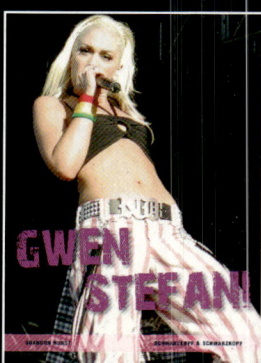